大切なことは、
ぜんぶ会話のなかにある。

コミュニケーションがうまく取れない。

なにを喋ったらいいのか、どう返せばいいのか。
正解がわからないまま、刻々と過ぎていく時間に耐えられず、
スマホに目を落として忙しいふりをしてしまう。

そんなんだから、これまでの短い人生を振り返ってみると、
なんとも薄い人間関係のなかで生きてきた感じがします。

習いごとやバイト先では、なかなか友だちができずに直帰する日々を送る。
飲み会では、お酒をたくさん呑んで酔っ払うことで自分を騙し、
面白くなくてもとりあえず笑っとく。

仲のいい人とペアを組む授業がつらい。
大人数の集まりがつらい。
人と向き合うことがつらい。

たまたま隣になったクラスメイトに
「あなたの隣はつまらない」と、
ストレートに言われたこともあります。

「自分といてもつまらないだろうな」
そう感じて、人と深く関わることを避けてきました。

誰かと遊ぶよりも、本を読んだり、文字を書いたり、
アニメを観たりしているほうがよっぽど楽しい。

本気でそう思っていたから、
思春期のほとんどをひとりで過ごしました。

そんなわたしをちょっとだけ変えたのが、
「インタビューライター」という仕事との出会いです。

相手との対話のなかで思考や想いを深掘りしながら、
彼らの言葉を代弁するように文章に落とし込んでいく。
それが、「インタビューライター」という仕事です。

この仕事との出会いは、わたしのなかにあった、
これまでの「コミュニケーション」の概念をぶち壊しました。

人との会話においては、
「話す」よりも「聞く」ことが大事だということに、
気づかさせてくれたんです。

思えばわたしは、これまで人の話に耳を傾けているようで、
本質的には全然聞けていなかったのだと気づけました。

さらに、「聞く」を通じて得たものは、
自分の血肉になっていくことも知りました。

受け取った言葉は心のどこかに自然と残り、
ふとした瞬間にそれが思考を深めるヒントとして役に立ったり、
勇気が出ないときのお守りになったり。

ときには発信のタネとして文章になって、
インターネット上に羽ばたいていったりしました。

人と関わるなんて無駄だと思ってた。
人の話なんてどうでもいいと思ってた。

でも、「聞く」ことは、自分の糧になるんだ。

そう思えただけで、
人と会話をすることが、人生において大切なことのように思えたのです。

「聞く習慣　自分と人生が変わる いちばん大切な会話力」

いしかわゆき

はじめに

相手に話してもらえば、会話はもっとラクになる

はじめまして。

〝ゆぴ〟という名前で活動している、いしかわゆきと申します。

フリーランスのライターとして、記事を書いたり、取材をしたり、本を書いたり、「文章を書く」ことを生業としています。

わたしは、人と関わるのが苦手です。

だからこそ、ひとり粛々と文章を編みつづけ、ここまで生き延びてきたと自負しています。

「書く」ことができなければ、まともに自分の気持ちを伝えられなかったと思いますし、仕事にもありつけなかったと思います。

「書く」ことはわたしの生きる術です。

そんなわたしが「楽しく書く」ためのコツをたっぷり詰め込んだ本、『書く習慣～自分と人生が変わるいちばん大切な文章力～』は、ありがたいことに出版後、大きな反響がありました。

「文章を書きたくなった！」と、『書く習慣』を通じて生まれたブログや記事は1万本以上にも上りました。

その前著のなかで、わたしは書くネタを探すコツとして、「本や映画やアニメなどを楽しむ」「誰かとの会話をネタにする」を挙げました。

インプットがなければアウトプットはできません。

だからこそ、自分の外側にあるものにたくさん触れることが大切なのです。

実際にわたしも、普段自分が書いている文章を読んでみると、予想以上に「誰かとの会話がネタになっている」ことに気づきました。

わたしはあれだけ「人と関わりたくない」とほざきながら、人との会話を通じて得たものを、うまく自分のものにしているらしいのです。

この本は、そんな「いつの間にか人と会話ができるようになっていた」わたしが、人と関わることや、会話をすることが苦手な人に向けて、無理なく会話するための「コツ」を伝える本です。

そもそも「会話」ってしなくちゃダメなん？

ぶっちゃけてしまうと、わたしは生まれてからこのかた「人と話したい！」

と思ったことがありません。

美容院やジムでもほとんど無言で過ごしますし、誰にも話しかけられたくないから、いつも忙しなくスマホをいじっています。

緊張するし、疲れるし、めんどくさいし。

でも、そう思いながらも、スラスラと面白い話ができる話し上手な人や、初対面で難なく会話ができる人に憧れを抱いていたことも事実です。

いい感じに雑談ができるようになりたくて、「雑談がうまくなる本」を購入して読んでいたこともあります（あまりうまくいきませんでしたが……）。

とはいえ、いまだにコミュニケーションを取ることや話すことが得意なわけではありません。

ですが、苦労の末に「当たり障りなく会話ができる」くらいのスキルは身につけることができました。

その苦労については、本編でお伝えしていきます。

このスキルを手に入れてみると、これがとても便利であることに気づきました。

まず、**会話ができると活きた情報がめちゃくちゃ入ってきます。**

もちろん、本やインターネットからでも情報は手に入ります。でも目の前の人との会話を通じて得られる情報は「自分に向けられた、特別なもの」なので、すぐに役に立つことが多いのです。

次に、**とくに良い行いをしていなくても、「いい人」っぽく見られるようになります。**

たとえば、学校の入学式などでガチガチに緊張しているとき、いちばん最初に話しかけてくれた子は後光が差しているように見えますよね。たとえそれが、たいした話題じゃなくても。

「当たり障りなく会話ができる人」として認識されると、「話しやすい雰囲気を作ってくれる人だなぁ」「この人は話しやすくて、気が合うなぁ」と相手に思ってもらえて、好感度が勝手に上がっていきます。

そして、会話をすることはストレス発散にも繋がります。

以前、精神科医の樺沢紫苑先生にインタビューさせていただいたとき、こんなお話を聞きました。

「今はリモート化が進んで、雑談の機会が減ってしまったけど、オンラインでも〝最近あった出来事〟を話す機会を設けてほしいですね。職場の雑談は必要不可欠なんです。アウトプットは〝癒し〟でもあります。他の人に共有することで、承認欲求が満たされたり、自己肯定感が高まったりして、安心につながるんです」

なんでも、「言語化することでストレスは9割解消する」そうなのです。

わたしがストレスだと感じていた「会話」も、うまくできるようになると「ストレス解消」に繋がっていくんですね。


べつに、誰とでも一瞬で打ち解けられるようなコミュ強になる必要はありません。

でも、「当たり障りなく会話ができる、いい感じの人」くらいになっておくと、ちょっぴり生きるのがラクになると思うんです。

会話は「相手」に話してもらえばいい

「自分が普通に会話をしているらしい」という事実に衝撃を受けたわたしは、

なぜ自分は人とコミュニケーションを取れるようになったのか考えてみました。

それはたぶん、「インタビューライター」になったことが大きいです。

じつはわたし、最初はインタビューライターになるつもりなんて、さらさらありませんでした。

そもそも人と話すことが苦手なのだから、インタビューなんてしたくないに決まっています。

大学時代に、自分で質問を考えて、知人にインタビューをするという授業がありました。

でも、とくに聞きたいこともないので、質問は支離滅裂。

楽しくトークするどころか、一問一答でアンケートに答えてもらっているだけの時間となり、「向いてないわ」と匙を投げていたぐらいです。

知人相手でこれなのですから、とてもじゃないけど知らない人にインタビューなんてできるはずがありません。

ところが、ライターになりたくて入ったはずのメディアが、わたしが入社するちょっと前にインタビューメインのメディアへと変身を遂げていました。

気づけばわたしは、「インタビューライター」になっていたのです。

入社してすぐに初取材に出かけることになったわたしは、パニックになりながら準備をし、先輩に同行してもらい、行きの電車ではずっと弱音を吐いていました。

自分がなにを喋ったのか、いまでは覚えていないほど緊張した一大イベントでした。

「もう二度とやりたくないな……」と思っていたのですが、会社員なのでそうもいかず。

それからは月に2〜3回のペースで取材に出かけるようになり、気づけばインタビューライターとして独立していました。

インタビューというのは、相手になにかを聞くことであって、自分がなにかを話すわけではありません。

でも、まったく話さないわけでもないんです。

このバランスが難しく、最初は緊張して挙動不審になってしまったり、尋問のようになってしまったり、変な質問をして相手を困らせてしまったりと、いろいろな失敗をしました。

しかし、自分が身を乗り出して積極的に話さずとも「会話」がきちんと成り立つという不思議な時間を重ねていくうちに、ひとつの気づきを得ました。

自分が1を振って、相手に10話してもらう。これでいいんだ。

それは仕事の現場のみならず、私生活でも役立ち、気づけば聞き役に徹することが増えました。

初対面の人に、「自分のことだけを話して食事を終えたのは初めて！」と驚かれたこともありました。

こちらとしては、ただ話を聞いているだけなのに、感謝されたり、好印象を持たれることが増えたのです。

さらに、相手から受け取った言葉たちは、その後何年にもわたってわたしを助けてくれました。

生の言葉には力があります。

それは、本には載っていない、自分だけのものです。

会話からインプットできるようになったら、書きたいことがどんどん溢れてくるようになりました。

会話のなかに、たくさんの「ネタ」が詰まっていることを知ったのです。

おそろしいほど「他人」に興味がない

こんなことを言うと「サイコパスなんか？」と思われるかもしれませんが、ぶっちゃけわたし、他人にあまり興味がありません。

べつに誰がどんなふうに生きていてもいいし、好きにすればいいじゃんと思っています。

だから、根掘り葉掘り聞きたいこともない。どうでもいいんだと思います。

ひとり旅に出かけても、誰とも交流せずに帰ってきます。

ひとりで居酒屋に行ったときも、動画を観ながらビールを飲んでいました。

「知らない人と話したい！」という願望がほとんどないんです。

そんなんだから、会話や雑談に関する本を読んでいて、「目の前の相手に興味を持ちましょう」と書かれていたら、「それができたら苦労しないんだよ！」と毒づいていました。

でも不思議なことに、いまでは人の話が聞けるんです。質問を投げかけられるんです。

そう考えると、相手に興味がないのなら、無理に興味を持たなくてもいいんじゃないかと思います。

そもそも、人に興味を持つのってとても難しいです。

基本的にみんな自分のことが大好きだし、自分のことでいっぱいいっぱいだし、人のことまで考えている余裕なんてない。

わたしのように「他人に興味がない人」でなくても、たとえば世代が離れた人や、今後も長く付き合っていく予定のない人に対して「興味を持つ」というのは難しいと思います。

でも、「自分のために」話を聞くことはできるはず。

「この人の話を聞いたら、いいことがあるかもしれない」。

そんな打算的な想いでいいじゃないか！

インタビューなんて大半がそんなモチベーションで実施されています。

たとえインタビュー相手に興味がなくても、読者にとって有益な情報を引き出すために、事前にテーマを決めて、質問項目を作って、相手に当てていく。

これを、日常会話でも簡易的にできるようになると、どんな相手とも、ラクに会話ができるようになっていくんです。

「楽しませなくちゃ！」というプレッシャー

自分のことを掘り下げてみると、「他人に興味を持てない」こと以外にも、会話が苦手ないくつかの要因が見えてきました。

たとえば飲み会の場などでは、サービス精神のある人や、責任感の強い人ほど「自分がこの場を盛り上げねば」「相手を楽しませてあげなければ」と、必要以上にプレッシャーを抱えてしまいがちです。

わたしもその手の人間なので、飲み会で座った卓が盛り上がっていないと、「自分がここに座ってしまったばかりに、盛り上がらない卓になってしまって申し訳ない……」と謎に落ち込みます。

自分がなんとかしなければと焦れば焦るほど、変な話をして空回るという負のスパイラル。まさに地獄絵図です。

でも、べつにお笑い芸人を目指しているわけでもあるまいし、自分自身がユーモラスにならなくていいんです。

自虐ネタをぶっ込んで笑いをとったり、自己犠牲をして滑る必要はありません！

基本的に、人は「自分のこと」を話したい生き物です。

自分の話をして、それを誰かが受け止めてくれたときに幸せを感じるものです。

つまり、自分がヘタに捻り出した面白い話をするよりも、あえて聞く側にまわったほうが相手の満足度は上がります。

インタビューだって、こちらが面白い話など1ミリもしていなくても、相手はいつも楽しそうに話してくれます。

話を聞いたほうが、相手は気持ちよくなって、幸せになって、しかもこちらのことをちょっぴり好きになるんです。

そのために必要なのは、「相手が話したい話」を聞くことです。ポイントは、「みんなが聞きたい話」を考えることにあります。

具体的にどのように話を引き出したらいいのか。そのコツは第2章でお伝えしますね。

会話が途切れた瞬間の「シーン」が怖すぎる

わたしは、突然訪れる「シーン」が苦手です。

まわりが盛り上がっているなかで、なぜか自分の周囲だけ静けさが訪れていると、「ヤバい」と冷や汗をかきます。

誰かと一緒にエレベーターに乗るときも、「すぐに着くからいいか……」と適当な会話をはじめて、到着まで意外と時間がかかり、会話が途切れてなんとも気まずくなったりします。

そんな、たまに訪れる「シーン」をなんとか回避するために慌てて言葉を紡ぎたくなりますが、先ほども言ったように、コミュニケーションは「自分が頑張って話す」ものではない。

とにかく相手に、楽しく気持ちよく話してもらう。これに尽きます。

では、わたしたちがやることはなんなのか。

それは、「良いリアクション」を取ることです。

「良いリアクション」を取ることさえできれば、会話は勝手にコロコロッといい感じに転がっていきます。

会話をうまく転がしていくコツは第3章でお伝えします。

くだらない話をして相手に嫌われたくない

「くだらない話をして相手に嫌われたくない」
「相手の貴重な時間を奪うのが申し訳ない」

そう考える人もいると思います。

わたしもインタビューの前後は「雑談なんて、いるかしら」と思って口をつぐむことが多々あります。

でも、先輩インタビューライターによると、取材前後のしょーもない雑談や、脱線することこそがキモで、そこで緊張が解けたり、思わぬ素敵エピソードが飛び出したりするのだそうです。

会話なんて、そもそもくだらないものです。

失礼なことを言ったり、怒らせたりするような発言さえ避ければ、怖れる必要はありません。最低限気をつけておきたいことは、第4章でお伝えします。

「こんな会話、意味あるの？」と思ってしまう

わたしは人に興味のない人間なので、以前は「人と関わって意味があるのかな」なんて思っていました。

人と話すよりも、本を読んだり、文章を書いたりして、自分と向き合って過ごす時間のほうがはるかに有益なんじゃないかと。

とくに「雑談」なんてもってのほかで、仕事中に雑談を振られると「無駄な話をしていないで、さっさと帰りたいなぁ」なんて思っていました。

でも、日々いろんな人と対話をして、たくさんの宝物のような言葉を持ち帰るなかで、それが活きる場面が多々ありました。

いま、わたしがSNSなどで発信していることの半分くらいは、「誰かから聞いたこと」だと思います。

「聞いたこと」をもとに、自分の考えをくっつけて「わたしもこう思った」と賛同したり、「逆に、こうしてみてはどうだろうか？」と提案してみたり。

「なにかしらを持ち帰ってやるぞ」という姿勢で話を聞いていると、会話が無駄になるようなことはほとんどありません。

これをわたしは「リスニング」によくたとえています。

ぼけーっと話を聞いてるだけだと、なにも入ってこないけど、「問題に答えなければいけない」と思うと、集中して話を聞けるようになりますよね。

そうやって、聞いたことを自分なりに咀嚼して発信できると、さらに一歩踏み込んで相手の発言を理解できるようになります。

知見としてもストックされて、自分の発信が誰かのためにもなる。とてもお得な感じがしますよね。

「聞いたことを発信する」。そんな目的があると、会話に対する意欲も上がるはず。そのためのコツは第5章でお伝えします。

「自分のため」に、聞いてみよう！

「聞く」がそれなりにできるようになると、さまざまな良いことが訪れます。

ここまでで薄々感じている人もいるかもしれませんが、わたしはかなり自己中心的な人間です。

いつも自分のことでいっぱいいっぱいで、「誰かのためにこんなことがしたい！」と思えるほどの精神的な余裕を持ち合わせていません。

では、なんのために人の話に耳を傾けているのかというと、そのほうがお得だと知ったからです。話すよりも断然ラクだと気づいたからです。

要するに、100%自分のためです。

きっと相手は、わたしがこんな想いで話を聞いているとは、露ほども思わないことでしょう。

むしろ、「この人は、わたしの話を楽しそうに聞いてくれて、いい人だな〜」と、相手のために聞いていると思われているはずです。

だから大丈夫、絶対にバレません。

誰でもなく、「自分のため」に聞いてみませんか？

巷には「聞くこと」に関する書籍は数多くありますが、本書では「他人に興味がない」わたしだからこそ語れる、「自分のために、話を聞く」という超打算的な切り口でお届けしたいと思います。

・誰かと会話することに苦手意識がある
・「面白いことを話さないと」というプレッシャーを感じてしまう

・他人に対して「聞きたいこと」が浮かばない
・でも、誰とも会話しないのは寂しい

そんな人は、ぜひ最後まで読んでみてくれたら嬉しいです。

わたしはもともと、インタビューライターなんて嫌でした。人相手ではなく、ただひたすら文字とだけ向き合っていたかった。でも、いっぱしのライターだったわたしの世界がぐっと広がったのも、人見知りのくせにいろんな人と付き合えてきたのも、「聞く習慣」があってこそなのです。

日常での会話に「正解」なんてありません。自分なりの「正解」を胸にして、気楽に他人と向き合っていこうじゃありませんか。

「なにがわからないのか、わからない」というのは、よくあることです。この本はもちろん、すべての内容がすべての人の役に立つように書いていますが、とくに「自分に必要」な箇所がわかるように、チャートをつくってみました。「ぜんぶ読む時間がないから、必要なとこだけ知りたい」という人や、または本書を読んだあと、また「聞く」ことに悩んだとき、このチャートを辿ってみてください。きっとそこに、あなたを「聞く」に向かわせるヒントがあるはずです。

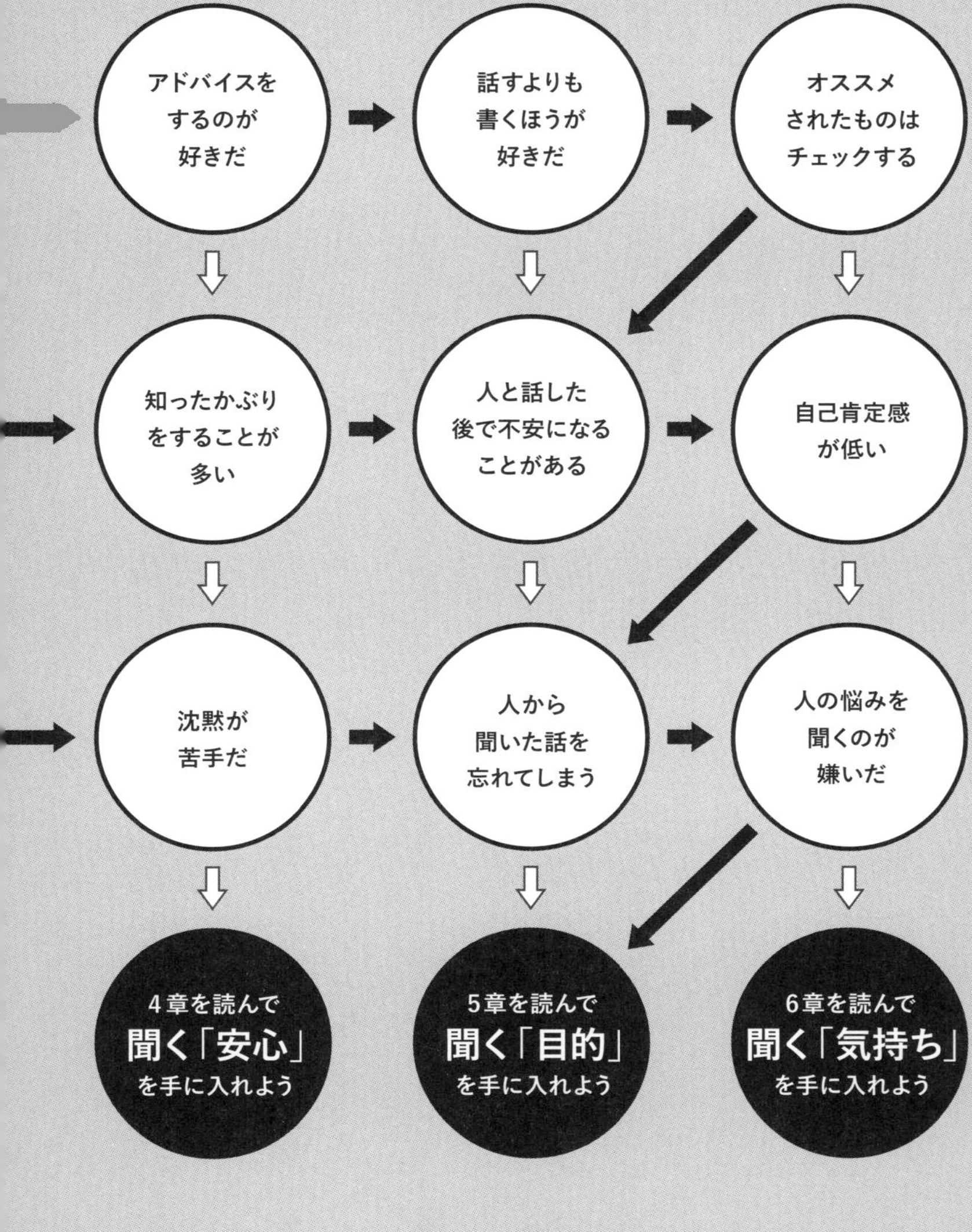

あなたの「聞けない…」はどこから？

お悩み診断チャート

➡ NO　⇨ YES

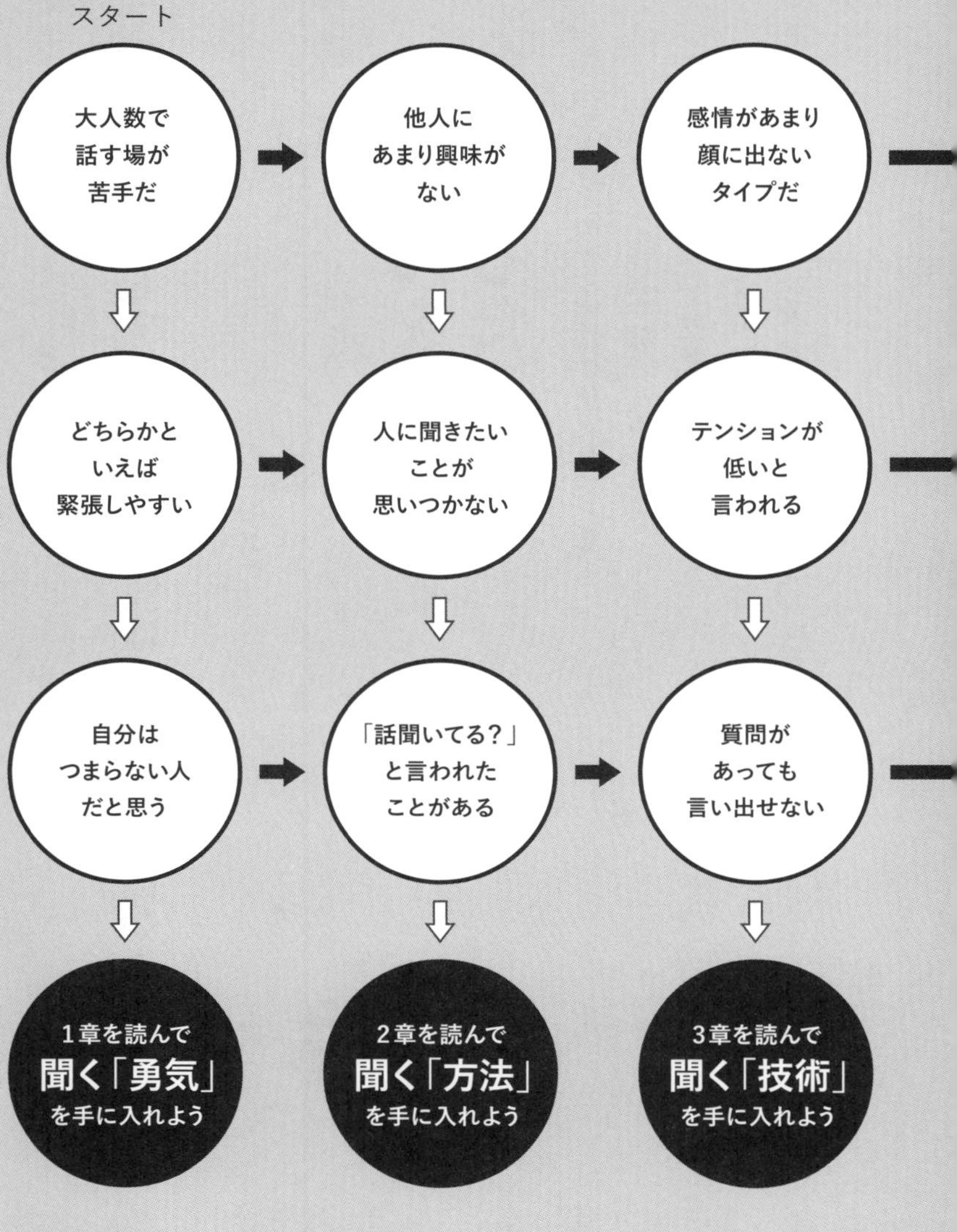
スタート
大人数で話す場が苦手だ
他人にあまり興味がない
感情があまり顔に出ないタイプだ
どちらかといえば緊張しやすい
人に聞きたいことが思いつかない
テンションが低いと言われる
自分はつまらない人だと思う
「話聞いてる？」と言われたことがある
質問があっても言い出せない
1章を読んで聞く「勇気」を手に入れよう
2章を読んで聞く「方法」を手に入れよう
3章を読んで聞く「技術」を手に入れよう

第1章 ハードルを下げると会話がしたくなる

第2章 面白い話を引き出せると会話が楽しくなる

第3章 うまく返せると会話が止まらなくなる

第4章 落とし穴を知っておくと会話が怖くなくなる

第5章 「書く」ことで「聞く」が習慣になる

第6章 「聞く」ことが与えてくれるもの

カバー・本文イラスト 芦野公平
ブックデザイン 金澤浩二
DTP 茂呂田剛（有限会社エムアンドケイ）
校正 円水社
編集担当 石井一穂

The Listening Habit : contents

第 1 章

ハードルを下げると会話がしたくなる

Lowering the hurdle
makes you want to talk

「1対1」のサシで話す状況をつくる

当たり前ですが、はじめから上手に話を聞ける人はいません。

わたしもインタビューライターになりたてのころは、用意してきた質問をぶつけることでいっぱいいっぱいで、いつも頭のなかは真っ白な状態でした。

でも、「会話を頑張ろう！」と思えば思うほど、緊張は募っていくばかり。

だから、わたしは事前に「仕込む」ことにしました。

相手を目の前にしてうまくいかないのであれば、事前の準備や場づくりをやって、備えておけばいいのです。

この第1章では、そんな「会話をラクにするための準備」や「会話を怖がら

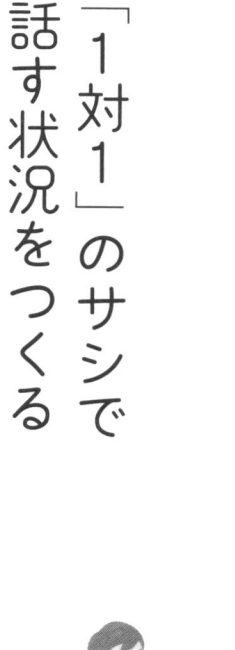

ない」ためのコツを紹介します。

まず！　大前提として、**複数人が集まる飲み会やイベントは「聞く」ハードルがいちばん高いです。**

とりあえず流されるままに席について、隣の人たちが話している会話に耳を傾けつつ、ときおり笑顔を見せながら、お酒をチビチビ飲む……。

それでなんとか場に馴染むことはできるかもしれないけど、会話にうまく入るのは高速で回転している大縄跳びに飛び込むレベルの難しさです。

みんなが楽しそうに話しているときは、「水を差すようで怖い！」となにも喋れなくなる。

逆にシーンとしている場合は「うまく盛り上げられなくて申し訳ねぇ……」という気持ちになる。

聞き上手な人が場をまわしていたら「自分はなにもしなくていいか」となる。

いずれにせよ、黙んまりを決め込みたくなりますよね。

複数人の厄介なところは、なんと言っても「話し手」「聞き手」がたくさんいるところです。

誰に話を聞いたらいいのかわからないし、まったく話していない人がいると気になるし、なんなら話を聞いていない人もいるしで、非常にやりづらい。

そして個人的には「自分が話すときに複数人に注目されている状態になる」のがものすごく苦手です。

複数人の目線を感じることで緊張するし、みんなに聞こえるように声を張らないといけないし、注意力も散漫するし、会話どころではありません。

だから複数人での会話って、会話というよりも、

「発表」に近いんじゃないかな。

結局、一言も喋らずに終わることもあるので、「話を聞いている」ように見えても、それはただその場にいるだけです。

「会話ができている」とはお世辞にも言えません。

でも、そんなわたしも、ある経験をきっかけに**「自分は1対1なら会話ができるんだ」**と気づきました。

それは、就職活動の面接のときのこと。

集団面接では、緊張のあまり言いたいことがひとつも言えなかったのに対して、1対1の面接では、まだマシな会話ができたのです。

話し相手が目の前の面接官ひとりだけなので、「この人の話を聞けばいいんだ」「この人が自分の話を聞いてくれるんだ」と、安心感を持って会話をすることができました。

会話が苦手な人のなかには、誰かとサシで会うほうが緊張するという人もいるかもしれません。

でも、わたしはどちらかというと「Aさんの話を聞いて、その話題を知らないBさんのために補足して、Cさんが言った否定的な発言をフォローして……」と、マルチタスクで会話をするほうがずっと難しいんじゃないかと思っています。

一方で、サシで会うことはシングルタスク。会話のあいだは「その人だけ」に集中していればいいので、じつはラクなのです。

だからこそ、わたしはできるだけ「サシ」で話すようにしています。

会話が苦手な人ほど、**複数人の集まりに行くよりも、1対1でじっくり話す機会をつくるんです。**

また、複数人でする会話と、サシでする会話の内容は、まったく異なるものだと思っています。

複数人で話すときは、「全員がわかるような話」「盛り上がるような話」など、普遍的なテーマの話になりがちです。ぶっちゃけて言ってしまうと、

「ペラッペラな話」しかしないんだわ!!

だから、面白くなくても笑わなきゃいけないような状況になっていくし、テーマもコロコロ変わっていくので、記憶に残りづらい。

おまけに、「複数人」という緊張シチュエーションも相まってお酒を呑みすぎてしまうので、記憶もクソもありません。

その証拠に、複数人での集まりやイベントで話した話題のことを、わたしはあまり覚えていないです。

だいたい「なんの話をしたっけな?」と思いながら帰路につきます。

一方で、サシで話すと、おのずと深いテーマになっていくと感じています。

以前、会社の飲み会ではいつもふざけている同僚と、初めてサシでごはんを食べに行ったとき、彼はものすごく真面目な話をしてくれました。

本当に大切な話って、公にはしないもの。

みんなちゃんと、状況に合わせて話題を選んで話しているんです。

だから、ふたりだからこそ聞けることがたくさんあります。

まずは、目の前のたったひとりに集中できる状況をつくる。

それが「聞く」初心者のやるべき第一歩です。

余談ですが、わたしがインタビューをする現場には、インタビュー相手の他に、会社の人やマネージャー、編集長など、第三者がいる場合もあります。

この人数が増えれば増えるほど、わたしだけではなく、インタビュー相手にも緊張が募るため、少人数のほうが自己開示してもらえると考えています。

インタビューの場合は仕事である以上しかたないので、複数人が同席するときは、なるべくインタビュー相手だけを見るようにして、まわりにいる人たちの存在をいったん忘れるようにしています。

インタビューも日常会話も、**うまくいくのは1対1で対話しているからなんです。**

まとめ
matome

複数人で会話するのはハードルが高い。まずは「1対1」で話すことからはじめよう。

軽いノリで相談や報告する習慣をつくる

とはいえ、「サシで会いましょう！」と相手を誘うことに抵抗を感じる人もいるはず。

会話が苦手な人にとっては、「こんど2人でご飯行かない？」と誘うだけでも、大きなハードルに感じるでしょう。

正直、誘われた側も、「え、急に？　なんで？」と感じるかもしれません。

この、「なんで？」という違和感を与えずに誘うことが、サシで話す機会をつくるときのポイントになります。

そこで、わたしはサシで会うときには「軽い相談」をセットで持っていくよ

うにしています。

「相談」ってちょっと重ためなものだったり、深刻なものだったりするイメージがありますが、べつにしょぼい内容でもいいんです。

わたしの場合は「今度京都に行くんだけど、オススメのごはんを教えて」とか、「最近髪の毛がパサパサなんだけど、ヘアケアなにしてる?」とか、一見「調べれば出てきそう」なことをあえて相手にぶつけるようにしています。

というのも、

人は頼られるのが好きだから。

普段からわたしが使っている持ち物について聞いてくれたり、「どうでもいい話なんだけどさ!」と些細なことでも相談してくれたりする友人がいます。

彼女がわたしの意見を参考にしてくれている様子を見ていて、「頼られるというのは嬉しいことなんだなぁ」と実感するようになったんです。

たしかに、自分の力で調べればわかることなのかもしれない。

でも、あえてそれを相手に聞いてみることで、会話のきっかけになるし、頼られた相手は嬉しく思ってくれる。

それに、次回の会話の話題にもなる……という、**一石三鳥なことが起こるのです。**

だから、自分のなかである程度リサーチはしておきつつも、悩んでいることや軽く相談したいことをリストアップしておいて、いつでも誰かに相談を持ちかけられるような状態にしています。

また、相談をしてアドバイスをもらったら、**感謝の気持ちを行動で示すのもとても重要！**

本をオススメされたら、その場で買ってみる。
教えてくれた場所に訪れたら、写真を撮って送ってみる。
アドバイスに沿って動いたなら、その結果を報告してみる。

わたしの友人も、「オススメしてくれたコスメを買ったよ！」と見せてくれたり、本の感想を教えてくれたりします。

「オススメした結果」まで報告してもらえると、「教えてよかったな」「また教えたいな」という気持ちになりますし、相手のこともどんどん好きになっていくんです。

自分が「良い」と思ったことを素直に受け入れてくれて、「良い」と思ってくれる。

これだけで好感度は上がるし、「行動した結果を伝えたい！」と、次回会うための口実となり、定期的にその人と会話をする習慣ができていきます。

このように、どちらかが相談・報告したいことがあると、近況報告や相談を口実に、話す機会をつくれるようになります。

サシで話すきっかけを作るためにも、普段から相談や報告を軽いノリでしておくといいでしょう。

まとめ
matome

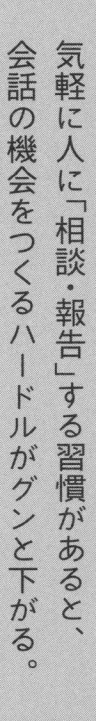

気軽に人に「相談・報告」する習慣があると、会話の機会をつくるハードルがグンと下がる。

相手に会う前に「情報収集」をしておく

突然ですが、インタビューでいちばん大事なことってなんだと思いますか？

ポンポン会話を弾ませること？　的確な質問をすること？

どちらも大事なことだとは思いますが、わたしは事前にめちゃくちゃ準備をすることがいちばん大事だと考えています。

その人が以前にもインタビューを受けているのなら、過去のインタビュー記事を読み漁ります。本を出しているのなら熟読します。SNSをやっているのなら遡って投稿をチェックします。

なぜそこまでリサーチをするかというと、「知っている前提」で話を進めた

ほうが深い話ができるからです。

「以前こう話していましたが、具体的にはどういうことですか？」

「こんなツイートをしていましたが、どんな状況だったんですか？」

というように、一歩踏み込んだ質問ができます。

逆に相手のことを1ミリも知らない状態だと、「まずは経歴を教えてください」と、基本情報を聞くだけでインタビューが終わりかねません。

それこそ、盛り上がらない「一問一答」になってしまいます。

基本情報の確認を省略して、ビュンッと核心に迫るためにも、事前準備が欠かせないのです。

インタビューの準備ほどではないにせよ、日常会話でも事前準備をしておくと、自分にとっても良いことがあります。

ひとつは、相手の情報を入れておくことで、緊張が緩和されることです。

あまりよく知らない相手だと、それこそ「なにを聞けばいいのかわからない！」とパニックになってしまいます。

でも、たとえば相手が「旅にまつわるお仕事をしている」という情報だけでも知っていれば、「最近はどんなところに行ったんですか？」「これまでに旅したなかでオススメの場所はありますか？」なんて質問ができるんじゃないかと想像ができて、ちょっと緊張がほぐれます。

「話せそうなトピックがある」と思えることは、安心材料になるんです。

そして、もうひとつの良いことは、

「この人、めちゃくちゃ調べてくれてるんだ！」

と相手に思ってもらえることです。

以前、ダンス＆ボーカルユニット「w-inds.」の橘慶太さんに、デビュー20周年記念のインタビューをさせていただいたことがあります。

そのときは1か月かけて過去のインタビューを読み、楽曲をすべて聴き、ファンが書いたブログやSNSなどもチェックしてから臨みました。もう心はヲタクです。

その甲斐あって、「そんなところまで読んでいただいて、ありがとうございます！」と言っていただけて、和やかなムードで取材ができました。

自分に興味を持って、知ろうとしてくれている。

そんな人を無下にする人は、なかなかいないです。むしろ、好感を覚えてくれることのほうが多いのではないでしょうか。

実際にわたしも、前著に関するインタビューを受けたとき、付箋だらけの自著を持参してくれたインタビュアーさんを見て、「いっぱい読み込んでくれている！」と嬉しくて飛び上がりたくなったことがあります。

いまは多くの人がＳＮＳをやっているので、有名人や芸能人ではない一般の人でも、事前に情報収集をすることができます。

仕事とか好きなものとか近況とか、そんな基本的なことでかまわないので、会う前にＳＮＳにちょっと目を通して情報を得ておくと、話が聞きやすくなります。

ただ、注意したいのは、それをいやらしくない程度にアピールすること！

あまりに詳しすぎると、相手も話すことがなくなってしまいます。それに、「めちゃくちゃチェックされていて怖い」とも思われてしまいます。

「3日間連続でチャーハンを食べてるんですね……フフフ……」となると少々ストーカーちっくになるので、やりすぎ注意です。

大切なのは、覚えてきたことをすべて発表するのを目的にしないこと。あくまで目的は、気持ちよく会話することです。

準備をしたら一度隅に置いて、目の前の相手に集中するようにしましょう。

まとめ
matome

話のネタになる情報を知っていると安心できる。会う予定の人の「SNS」はチェックしておこう。

「聞きたいことメモ」をこっそり忍ばせる

インタビューをするときは、下調べをしたうえで、質問を事前に考えて、質問案としてまとめておきます。

インタビュー中はこの質問案をチラチラ見ながら、相手と会話していきます。相手の話に耳を傾けながらもスラスラと質問を投げかけることができるのも、この質問案があってこそなのです。

これがあるから、質問内容にとらわれずに、安心して目の前の相手に集中できていると言っても過言ではありません。

というわけで、日常でも「聞いてみたいことメモ」をつくって忍ばせておく

のはオススメです。

思い返してみると、人と話すのが苦手だった中学生のとき、わたしはメモを活用していました。

当時、どうしても仲良くなりたい人がいて、でも相手を目の前にすると緊張してしまうから、その人と話すときは、話したいことを小さな紙にまとめてポケットに入れていました。

でも、そんなことをしているのが相手にバレたら恥ずかしいので、こっそり机の下で見て、何事もなかったかのように会話していたんです。

いまは、さすがにポケットのなかに紙は入っていませんが、「今日は絶対にこれについて聞きたい！」ということは、**忘れないようにスマホのメモにしたためて行きます。**

そして、トイレに立ったときにちょっと確認して、戻ったタイミングで「そういえばあれが気になってたんだけど……」と切り出すようにしています。

「たかが日常会話にそこまでしなくても」と思うかもしれません。

でも、わたしは非常に忘れっぽいうえに緊張もしやすいので、どこかに書いておかないと、聞きたかったことをうっかり忘れてしまうんです。

普段なかなか会えないような人や、尊敬している先輩などと話せる機会ならなおさら。「せっかく聞きたいことがあったのに聞けなかった」となってはもったいないですからね。

聞きたいことを頭のなかに留めておくだけでは、そのことばかりに気を取られて、会話に集中できなくなってしまいます。だから、

頭のなかから一度出すために、書くんです！

わたしも以前、後輩から進路の相談を受けたとき、「今日は聞きたいことをメモに書いてきました」と言われて、ちょっと嬉しかったのを覚えています。「そんなにわたしに聞きたいことがあるんだな」「参考になると思われてるんだな」と、信頼されている気分になりました。

「相手を目の前にすると、聞きたいことを忘れてしまう！」という人は、ぜひやってみてください。

まとめ
matome

緊張して「聞きたいこと」を忘れてしまうなら、事前にメモにまとめて忍ばせておこう。

ミーハーになって「流行りもの」を受け入れる

会話が苦手だと、「つまらない人間でごめんなさい……」という想いが募り、けっして愉快ではない自分の性格に嫌気がさしてきます。

笑いをバンバン取っている友人や、天然ボケをかましている同僚を見て、「自分も面白い人間だったらよかったのに……」と願ったことが何度もありました。

でも、自分が面白くある必要はありません。

それよりも、面白いものを知っておくことが大切です。

要するに、

面白いことの、引き出しを増やすんです！

わたしはもともと、自分が興味のあるコンテンツにしか触れないタイプの人間でした。

でも、インタビューライターになったときに求められたものは、「世の中のトレンドを幅広く押さえておくこと」でした。

音楽、映画、ドラマ、アニメ、漫画、アイドル、小説……。

いま、どんなものが流行っているのか。

世間的にはどんなものが面白いと思われているのか。

それらをきちんと知って、インタビューのテーマに反映させたり、インタビュー相手を選ぶ際の参考にすることが大切なんです。

そう気づいたわたしは、「面白いものには必ず理由がある」と信じて、毛嫌いせずにさまざまなコンテンツに触れるようにしました。

いまでも、芥川賞や「このマンガがすごい！」などの受賞作品をはじめ、音楽や動画配信サービスなどのランキング上位にあるものは必ずチェックしています。

配信前から話題になっている映画などは、ネタバレ防止のために公開初日に観にいくことも。

そこで自分の琴線に触れるものがあったら、より深く掘るようにしています。

「流行りものに乗っかるなんてミーハーだなぁ」と最初は思っていましたが、仕事柄とりあえず乗っかってみることで、思わぬ副産物を得ることができました。

それは、「どんな相手とも会話できるようになる」程度の幅広い知識が得ら

れるようになったこと。

「とりあえず」ひととおりチェックしているだけなので、ヲタク並みに深く知っているわけではないですが、浅く広く知っていると、初対面の人でも「共通点」が作りやすいのです。

相手のことを好きだと思ったり、会話のきっかけになったりするのは、「わたしと同じだ！」と思わせるような「共通点」です。だから、

「流行りもの」は、多くの人との「共通言語」。

そう言えると思っています。

その意味では、趣味の幅をいきなり広げることは難しくても、流行っているものを幅広く知ることで、簡単に相手との共通点を持つことができます。

「好きなものはなんですか？」「普段どんなものを観ているんですか？」と質問を投げかけて、共通点を探る。

そして知っているものを見つけたら、「わたしもこの前、観に行きました！」と言ってみる。

たとえ薄っぺらでも、にわか知識でも、「自分の好きなものをちょっとでも知ってくれている」というのは嬉しいことなのです。

まとめ
matome

流行りものは多くの人との「共通言語」になる。
毛嫌いせずに流行のコンテンツに触れてみよう。

「緊張してます！」とストレートに伝える

これには意見が賛否両論に分かれるかもしれませんが、わたしは、初対面の人と話すときに「緊張してます！」とストレートに伝えるようにしています。

そうやって言語化してみると、「わぁ、わたしめちゃくちゃ緊張してるじゃん！」と「緊張している自分」を客観視できて、ちょっと落ち着いてくるのです。

眠れないときは、「寝なきゃ」と念じれば念じるほど、寝れなくなるもの。

それと同じように、緊張しているときに「緊張を解かなきゃ」と思うと、ますます緊張してしまいます。

わたしはインタビューライターとして働きはじめて数年が経ちますが、初対面の人へのインタビューはいまでも毎回ガチガチに緊張しています。

でも、一緒に同席している編集者からは「全然そんなふうには見えない」と言われます。

それは、無理に緊張を解かずに、

緊張している自分を受け止めているからです。

また、それを相手に伝えることで、相手と打ち解けるきっかけにもなります。

「そんな、わたしなんかに緊張しないでくださいよ！」と言ってくれることもありますし、「わたしもです！」と共感してくれることもあります。

わたしを含め、会話をするのが苦手な人は、「うまく話せないのは自分だけだ」「こんな場面で緊張しているのは自分くらいだろう」と思いがちです。

でも、会話が苦手な人って意外とたくさんいるものです。

ましてや初対面ならなおさら。みんな頑張って、コミュニケーションを取ろうと奮闘しているのです。

そんなときに、「緊張してます！」という人が現れたら、「自分だけじゃないんだ！」と同志ができたような気持ちになって、ホッとするはず。

以前はわたしも「人見知りとか、コミュ障とか、緊張してるとか、言わないほうがいいに決まってる」と思い、なにも言わずにやり過ごしていました。

でも、逆にひらきなおって、「いま、すごい緊張しているんですよ！」「人がいっぱいいて、コミュ障発揮してます！」と包み隠さずに言うようにしたら、自分の緊張も解れるうえに、新たなコミュニケーションが生まれることを知りました。

いまはそんな自分の性質を恥じることなく、口にしてしまうことでうまい具合に会話の取っ掛かりとして利用しています。

「緊張してます！」の一言、オススメです。

まとめ
matome

「緊張してます！」と言葉に出すと、緊張している自分を客観視できて落ち着ける。

粗探しをするより、「おもしろポイント」を見つける

わたし、これは大変イヤ～な癖だと自負しているのですが、相手のイヤなところを見つけるのがとてもうまいんです。

「この人はネガティブな発言ばかりするな」
「揚げ足をめちゃくちゃ取ってくるな」
「いつも貧乏ゆすりをしているな」

など、イヤなところばかりが目について、相手を嫌いになっていくことがあ

ります。

でも大前提として、「ネガティビティバイアス」といって、人はポジティブ情報よりもネガティブ情報のほうが記憶に残りやすい性質を持っています。生き残るために備わっている「危機管理能力」として、危険なことや悪いことに目を向けやすいんですね。

でも、この「ネガティビティバイアス」をつねに持ちつづけていると、誰のことも好きになれません。

わたしの友だちのなかに、「すぐに人を好きになっちゃう！」という、大変うらやましい性質の持ち主がいます。

話を聞いてみると、「人の良いところを探すようにしている」と言っていました。

同じ人に対しても、「この人のこと、好き」という人もいれば、「嫌い」という人もいますよね。結局ぜんぶ、捉え方なのです。

たしかに、見渡してみればヤバい人はたくさんいるかもしれないけど、100%ネガティブな要素だけで構成されている人はいないものです。

わたしにも苦手な人はいますが、一方で仕事がデキたり、顔がかっこよかったりと、ポジティブな一面はあります。

苦手なところをすべて受け入れる必要はないけど、目を向ける割合をちょっぴりポジティブ方向にするだけでも、見え方はだいぶ変わると思います。

だって、

どうせ会話するなら、健やかな気分で話したい。

まだ大して相手のことも知らないのに、「なんかイヤだな〜」と決めつけて会話をしても、おそらくなにも生まれません。聞きたいことも思い浮かばないと思います。

以前、マッチングアプリで人と会ったとき、ちょっと手抜きをしてスッピン状態で行ったら、相手にそっけない態度をとられたことがあります。「なんだコイツ」と思って会話をしたら逆に相手に気に入ってもらえましたが、わたしの気持ちは冷めていました……。

相手が最初に「この人、なんかイヤだな」と決めつけて対応してきたから、わたしの気持ちも上がらなかったのだと思います。許さん（そもそもわたしが手抜きで行ったのが申し訳なかったのですが……）。

もし、「良いところ」という言葉に抵抗があるのなら、「面白いところ」でもいいと思います。

「イヤなところ探しをしよう！」と会話に臨むと、イヤなところなんてわんさか出てくると思います。

でも逆に、「面白いところ探しをしよう！」という姿勢でいれば、最初から相手を肯定的に見ることができて、楽しく会話できると思うんです。

まとめ
matome

「どんな人にも面白いところはある」と、ポジティブな視点で良いとこ探しをしてみよう。

「リアル」で会わずに仲良くなる

そもそもですが、コミュニケーションは「リアル」じゃないといけないわけではありません。

べつに直接会って話をしなくても、関係性は築けるのです（「会話のための本」でこれを言ったらおしまいという気もしますが……）。

もともとわたしは、ネットの世界だけでは冗舌な典型的な「ネット弁慶」です。リアルでは人とうまく喋ることはできないけど、ひとり遊びのように「書く」ことはできました。

だから、SNSではとってもおしゃべりで、毎日好きなことをいくつも投

稿しています。

ＳＮＳをやっているなかで、ＳＮＳは「発信」のためのツールなのではなく、「コミュニケーションツール」なのだと気づかされることがあります。

「誰も見ていない」と思っていた投稿に「いいね」がついたり、知らない人からいきなりコメントをもらったり。

わたしも、投稿を見て思わずコメントをしたくなったら、知らない人でも「すごく可愛い猫ちゃんですね！」なんて送ることもあります。

それを繰り返していくと、なにが起こるかというと、

オンライン上で関係性が生まれていくのです。

初めてオンラインで友だちができたのは中学2年生のときでした。

当時流行っていたブログをはじめたのはいいものの、来る日も来る日も誰にも読まれなかったので、自分から他の人のブログに遊びにいき、コメントを残すようになりました。

そうすると、気づけば知らない人ともコメントをやり取りしあうようになり、「常連さん」のような関係性が構築され、リアルで遊びにいったりするようになったのです。

「はじめまして」なのに「はじめまして」じゃない。

そんな不思議な感覚がありました。これはオンライン友だちならではです。会ったことはないけど、オンラインでのテキストコミュニケーションだけで関係性が生まれ、仲が深まっていきました。

最終的にはリアルもネットも関係なく、普通に「友だち」や「知り合い」になっていくのです。

わたしがＳＮＳを本格的にはじめたのは、社会人になってからのことです。リアルでは人見知りでしたが、ＳＮＳ上で毎日投稿をしたり、他人に話しかけたりしていました。

なので、そこで繋がった人といざリアルで会うとなったときでも、まるで何度も会っているかのような気分で、楽しく会話できました。

これは、対人コミュニケーションが苦手な人にとっては、本当にありがたいことです。

イチから「はじめまして」をやらなくていいし、普段からＳＮＳを見ているので、相手の趣味や仕事などを知っている状態からスタートできて、会話の糸口をつかみやすいのです。

そのためには自分も、普段からＳＮＳやブログなどで**プロフィールなどをきちんと整えて、自分のことを発信しておく**ことも重要です。

そして怖がらずにいろんな人に話しかけてみる。これが大切です！

たまに「ＳＮＳで話しかけるのが怖い！」という人もいますが、わたしにしてみれば、**リアルで知らない人に話しかけるほうがよっぽど怖い**です。

生身の人に話しかけるか、ネットを通じて人に話しかけるか。

どちらか一方を選べるのなら、わたしは後者を選びたい。

ネットである程度、関係性を構築して、ちょっと仲良くなった状態から生身のコミュニケーションに切り替えたい。

そちらのほうが、ハードルが低いように感じます。

わたしも新しい職場などでは、仕事中にチャットで雑談をして仲を深めたりすることもありました。

無理をして最初からリアルなコミュニケーションのハードルを乗り越える必要はありません。

まずは、気になっている人のＳＮＳをフォローしたりＤＭを送ってみたり。

もしくは、社内で話してみたい人にメールやチャットを送ってみたり。

そんな一歩からはじめたっていいのです。

まとめ
matome

無理にリアルな会話からはじめなくてもいい。メールやＤＭからはじまる関係性もある。

第 2 章

面白い話を引き出せると会話が楽しくなる

You can enjoy talking by
eliciting interesting stories

インタビュアーのつもりで「読者」のために聞いてみる

「会話」に対する恐怖心、ちょっとでもマシになったでしょうか？

ここから「さっそく誰かと会話してみよう！」と奮い立った人がぶち当たるのが、「なにを話せばいいかわからない」という問題です。

大抵の人は、面白い話ができるようにと、自分の話術を磨く方向に舵を切ると思います。

ですが、わたしはあえて「聞く」ことを推したい。

なぜなら、「話す」より「聞く」ほうが圧倒的にラクだからです。

「仕事相手との距離を縮めたいけど、話すことがないな……」

「今度、上司と飲むけど、プライベートには興味が湧かないな……」

と、「他人に興味が湧かない人」や「興味を持てない相手と会話しないといけない人」もいると思います。

そんな「興味がない相手」を「興味がある相手」にするには、こちら側が働きかけて、いかに「相手から面白い話を引き出せるか」がポイントとなります。

この章では、わたしがインタビューライターとして培ってきた「聞き方」を日常の会話に落とし込んでいく方法をお話しします。

わたしが「人にあまり興味がない」ながらも、インタビューライターとしてこれまでやってこれたのには理由があります。

それはたぶん、「自分が知りたいこと」を聞いていないからです。

では、なにを聞いているのか。それは「自分が知りたいこと」ではなく、

「読者が知りたそうなこと」です。

それを除いて、人に聞きたいことってあまり思い浮かびません。

なぜなら人に興味がないからです（何度でも言う）。


これは日常会話でも同じです。

だから、いまでも誰かと話すときは、「雑談をしよう」と挑むのではなくて、**「この人にインタビューをしよう！」という気持ちで挑んでいます。**

そうすると、インタビュアーモードにカチッとスイッチが切り替わり、ラクに会話できるようになるんです。

インタビューライターというのはあまり前に出てくる職業ではありません。

自分が話すのではなく、相手にお話を聞く。相手からうまく情報を引き出して、読者に届ける。そんな仕事です。

そこに、「この人に対して興味が持てないな」とか、「自分はすでに知っているから聞かなくていいや」という気持ちはありません。

自分は興味がなかろうが、すでに知っていようが、**なにも知らない「読者」のために聞く**という強い想いで、聞くんです。

面白いことに、「読者にとって役に立ちそうなこと」を考えてみると、それがそのまま「この人に聞いたら面白そうなこと」に繋がります。

つまらないことを聞いても、読者は喜ばないからです。

そうすると、自然と質問が浮かんできて、相手に楽しく話してもらえるようになっていきます。

たとえば、初対面の人と仕事の話になったとしましょう。勤め先を聞いて、「不動産会社で働いています」と言われたとき、普段のわたしとインタビューモードのわたしとでは、感じ方はこんなに違います。

普段のわたし

「不動産会社で働いてるんだ。へぇー（会話終了）」

インタビューモードのわたし

「この人の話を記事にするとしたら、読者は……」

・これから不動産を買う人
・これから不動産会社に勤めたい人
・不動産にまつわるおもしろエピソードが聞きたい人

「それなら質問は……」

・○○さんはどうして不動産会社で働こうと思ったんですか？
・「ここは住みやすそうだなぁ」と思った場所はどこでしたか？
・不動産選びでとくに重視したほうがいいポイントはなんですか？
・○○さんは家は買う派ですか？　それとも賃貸派ですか？
・いわゆる「ヤバい物件」ってどんな物件なんですか？

というように、自分自身はまっっっっったく不動産に興味がなくても、読者が知りたそうなこと」を考えてみると、客観的な質問が思い浮かぶようになるんですね。

べつに自分自身にとって役に立つ内容でなくても、「会話」の中身は満たされていくのです。

自分自身が興味を抱けなさそうな人と話すときは、「自分自身」はとりあえずどこかに放っておいてみましょう。

「この人の話が聞きたそうな人は誰だろう？」

「その人にとって役に立ちそうなことはなんだろう？」

と、俯瞰して考えてみる。

これをまずは覚えておいてください。

まとめ
matome

インタビュアーになったつもりで、「読者」が知りたいことを考えれば、興味の湧かない人とも話せる。

主語を「自分」から「みんな」にしてみよう

とはいえ、皆さんはインタビューライターではないので、「読者が知りたそうなことって、なんやねん」と思うことでしょう。

わたしもインタビューライターになりたてのころはそうでした。

読者が知りたいことなんぞわからないから、ぜんぶ自分の悩みから企画を考えていたのです。

はじめに出した企画は、いまでも覚えています。

「歳を取りたくないから、時間の延ばし方が知りたい」

「怖がらずにホラー映画を観るための対処法が知りたい」
「怖がらずにジェットコースターに乗る方法が知りたい」

採用されたのは、「時間の延ばし方」と「ホラー映画の対処法」でした。どちらも個人的には面白い記事に仕上がったと思っているのですが、よく読まれたのは「時間の延ばし方」のほうです。

それはおそらく、世間的には「怖がらずにホラー映画を観たい」という人よりも、「時間をゆっくり進めたい」という人のほうが多かったからなのだと思います。

この「一般的な感覚」がものすごく大事なのだと、当時所属していたメディアの編集長に教えてもらいました。

「知りたい！」「面白い！」と感じることはみんなバラバラです。

お笑い芸人だって、自分たちの「面白い」を信じてネタを作るけれど、それがウケることもあればウケないこともありますよね。

「一般的な感覚」を持っている人は、一般の人にウケるコンテンツを作ることができます。

でも、たとえば笑いのツボが変なところにある人は、「面白い！」と思うことが一般の人とズレるので、他者と共有できなかったりします。

そしてたぶん、わたしはズレている。

「面白い！」と感じることが極端に少ないんです。

だから、自分が「面白い！」「知りたい！」と感じることから企画を立てようとすると、他人にとってはあまり面白くないテーマになってしまいます。

さらには、飛びつくべき企画を素通りしてしまったりもします。

だからわたしは、

主語を「自分」から「みんな」に変えて考えました。

そうすると、「自分はどうでもいいけど、みんなは知りたいかもしれない」と、一般的な感覚で「聞く」ことができるようになったのです。

たとえば相手から、自分がまったく興味のない「ガーデニング」の話をされた場合。こんな質問が浮かんできます。

「(自分はどうでもいいけど) なぜガーデニングをはじめたんですか?」

「(自分はどうでもいいけど) なにを育てているんですか?」

「(自分はどうでもいいけど) なぜガーデニングにハマる人は多いんですか?」

自分と変に絡めなくていい。

無理に共通項を見つけなくてもいい。

その考え方は、「おそろしく他人に興味がない民たち」にとっては、とてもラクな考え方だと思います。

はじめに「職業」や「趣味」など、断片的な情報が揃ったら、「自分はさておき、みんなが知りたそうなことを聞く」と決めて、会話してみてください。

まとめ
matome

主語を「自分」から「みんな」に変えると、聞きたいことが溢れてくる。

第三者を使って「間接的」に相談を持ち込む

「みんな」を主語にしても「聞きたいこと」が思い浮かばない場合、実在する「知り合い」を引き合いに出すのもオススメです。

ここでもポイントは、「自分自身」を主語に持ってこないことです。

インタビューライターの仕事の場合、記事を出すメディアに応じて、「想定読者」が明確に決まっていることがほとんどです。

「キャリアにモヤモヤを抱えている20代の若者」や「ていねいな暮らしを楽しむ30代の女性」などです。

でも実際のわたしは、べつにキャリアにモヤモヤを抱えているわけでもないし、ていねいな暮らしを楽しんでいるわけでもありません。

だからこそインタビュー中は、「読者は現在の自分のキャリアに対して悩みを抱えていると思います。そんな読者にアドバイスなどはありますか？」と、読者に向けてお話をしてもらうように促します。

そこで、たとえば、

「母がアンチエイジングに良さそうな化粧品を探している」
「友人が転職をするかどうか悩んでいる」
「弟が長野に旅行に行く予定がある」
「後輩がボランティアに興味を持っている」

など、自分の身近な人のトピックから「聞く」ことを探してみるのです。

母から「化粧品を探しておいてね」と頼まれたわけじゃなくても、後輩から「ボランティアに関する情報を集めておいてください」と言われたわけじゃなくても、インタビュー相手がそれらの答えを持ってそうなのであれば、それをネタにして「聞く」ことをします。

会話の相手が、自分の知り合いの悩みに答えるのに適任だと感じたら、

勝手に相談者になってみるんです。

そうすると、自分は聞きたいことがなくても、相手からうまく話を引き出すことができます。

おまけに、相手も得意なことで相談に乗れて、気持ちがよくなります。

さらには、「美容に詳しそうな人がいたから、アンチエイジングに良さそう

な化粧品を聞いてみたよ」「この前、人材会社の人と話す機会があったから、いまの転職市場の情報を仕入れたよ」と、引き出した情報をその知り合いにシェアするのもオススメです。

「自分のことを考えてくれていたんだなぁ」と喜んでもらえて、「三方よし」な状態を作れます。

ただし、第三者に知り合いのことをあまりに詳しくベラベラと話すと信用をなくすので、脚色を加えながら相談を持ちかけましょう。

まとめ
matome

「知り合い」の話を引き合いに出すのもオススメ。その人に代わって悩み相談をしてみよう。

「オススメ」を聞いて、その場でポチる

推しているアイドル、毎週観ているアニメ、ハマっている小説……。「好きなこと」について考えるときって、ちょっと幸せな気持ちになりますよね。

どんなトピックでも、自分の好きなことや詳しいことは、話していて楽しいものです。

ましてや、相手がそれに賛同してくれるのならなおさら！

だからこそ、相手に振る話のテーマとして、「好きなことを聞く」というのはオススメです。

一方で、「好きなことについて話してよ」と言われてもちょっと返答に困ってしまうと思います。

どのトピックについて話したらいいのか、どの深さまで話したらいいのか（あまりに語りすぎて引かれたりしないか……）と、考えすぎてうまく話せなくなってしまいます。

わたしも「好きなことを教えて！」と言われたら、「えっと……寝ることかなぁ」なんて、クソ面白くない返答をしてしまうと思います（会話終了のお知らせ）。

これはわたしの主観ですが、「好きなことについて教えて！」とざっくりと聞くと、**大抵が無難な答えで返ってきます。**

当たり前ですが、

「雑な質問」には、「雑な返答」がセットなのです。

そのため、好きなものについて聞くときは「カテゴリを絞ってオススメを聞く→なぜオススメなのかを聞く→その場でアクションを起こす」というスペシャルコンボを使います。

たとえば、相手が好きなものが「漫画」だとしたら、「好きな漫画」を聞くのではなく、「ある特定のジャンルの漫画」について聞きます。

「オススメのスポーツ漫画ある？」
「キュンキュンする少女漫画があったら教えて」

あえて「スポーツ漫画」と絞るのは、相手も「どうせ教えるのなら、相手の好みに合わせたい」と考える傾向にあるからです。

そして、相手が好きな漫画を教えてくれたら、「へぇ、そうなんだ」で終わるのではなく、「どんなところが面白いの？」と深掘りする。

ここでなにもしなければ、「この人、とりあえず聞いてるだけなんだな」と思われます。

くわえて、わたしは話を聞きながら、その場でスマホを取り出して、オススメされたものをメモしたり、調べたり、その場で買うようにしています。

この「その場で買う」というのがとっても大事。

「聞いて終わりじゃないですよ！」「あなたの意見をちゃんと参考にしていますよ！」というアピールになりますし、相手を喜ばせることもできます。

勧めてくれたものに対して、「あまり興味がないな」と思うこともあるかもしれませんが、そこから新しい好みや引き出しに出会えることもあります。

二次元が好きなわたしは、アメリカのイケイケなドラマを毛嫌いしていたのですが、友人に勧められたドラマが面白くてどハマりしてしまいました。それがきっかけとなり、いまは英語を勉強していたりします。

こんなことが往々にしてあるので、**ぜひ一度は受け止めてみよう**。

ちなみに、「理由を聞く」以外にも、深掘りする返し方はあります。それについては第3章でも紹介するので、そちらも参考にしてみてください。

まとめ
matome

「好きなこと」を聞くのは、オススメの話題。ただし、答えやすいように「具体的」に聞こう。

「それ、聞いてどうするん？」と思わせない

以前、ほぼ初めて話すような人から「最近買ったいちばん高い買い物はなんですか？」と聞かれたことがあります。

正直ちょっと戸惑いました。わたしの懐具合が知りたいのか、買い物の参考にしたいのか、興味本位で聞いているだけなのか……。

相手の意図がわからず、「なんでそんなことを聞くんだろう？」と思ってしまったのです。

気になって尋ねてみると、「みんなの消費の価値観が知りたいから、会う人会う人に聞いているんだよね」と言われて、謎の警戒心が解けました。

意図がわからない質問って、なんだか警戒しちゃいますよね。

わたしも「好きな異性のタイプはどんな人？」と聞かれたら、「わたしのこと狙ってるんか？」と思うし、「フリーランスって稼げるの？」と聞かれたら、「もしかして貧乏だと思われてる？」と思うぐらいには疑い深いです。

あと、聞いている意図がないと、「とりあえず自分に合わせて聞いてくれているのかな」と思われます。

たとえば、相手が「アイドル好き」なのであれば、つい「どんなアイドルが好きなんですか？」「オススメの曲はありますか？」という質問をしがちです。

でもだいたいは、「それを聞いてどうするの？」と思われてしまいます。

聞いている意図がよくわからないと、

シンプルに「答えづらい」のです。

それがたとえば、「自分はアイドルがあまりわからないので教えてほしい」「音楽が好きだからキャッチーな曲があれば聞いてみたい」と、聞く理由をセットにしてみると、相手もぐっと答えやすくなると思います。

ちなみに、ヲタクであるわたしがよく聞かれる質問ナンバーワンは「好きなアニメってなに？」ですが、これ、なかなか困る質問なんです。一概にアニメといっても幅が広いので、一般向けにするか、ニッチなものにするか、残酷な描写があるものはイケるのか、バトルものは好きなのか……と、アレコレ考えすぎて、結局毎回、無難なものを答えている気がします。

もしかしたら相手は、アニメにそれほど興味がなく、「他に話すことがないから、とりあえず聞いているだけ」なのかもしれません。

でも答えるほうとしては「せっかく聞いてくれたのだから」と、けっこう考え込んでしまうのです。これが、

「最近泣きたい気分だから、泣けるアニメが知りたい」
「アニメあまり観たことないから、好きなアニメ教えて」

と言われたら、ちょっと詳しく答えたくなっちゃいます。

相手は意図を知りたがります。質問をするときは、理由もセットで添えてあげてください。

まとめ
matome

意図のわからない質問はシンプルに答えづらい。「なぜ聞きたいのか」もセットで質問しよう。

共通点のない人には「3大テーマ」について聞く

人には、自分と共通点のある人に親近感を抱く「類似性の法則」があるので、「共通の趣味」があると会話が弾みます。

第1章でも、「相手と共通の話題を見つけやすくなるように、好き嫌いをせずに流行りものを取り入れよう」という話をしました。

一方で、趣味や興味関心がまったく合わなくても会話が弾むこともあります。

だから、「自分にはあまり好きなものがないから、人と分かち合うことができない」「コンテンツに興味が持てない」という場合でも大丈夫。

たとえ無趣味でも、その人の価値観を探っていくことで話ができます。

わたしの父は最近、お悩み相談系のラジオを聞くことにハマっています。

その父いわく、さまざまな人の悩みを聞いていると、人の悩みは大きく3つのカテゴリに分けられるそうです。それは、

「仕事（学業）」、「人間関係」、そして「お金」のこと。

わたしがこれまで企画してきたインタビューのテーマも、大きく分けるところの3つのテーマであることが多かったです。

これらは人生においてもっとも重要だからこそ悩むことであり、人に話したくなることであり、人に聞いてほしいことでもあるのです。

これって、誰もが共通して話せるテーマだと思いませんか？

そのためわたしは、「やべぇ、この人とは趣味がなにも合わないぞ……」と

思ったら、次のような質問を投げかけることが多いです。

- 人付き合いで気をつけていること
- どんな人たちと一緒にいることが多いのか
- 仕事とプライベートのバランス
- これから描いていきたいキャリア
- どんなことにお金を使っているのか
- 貯金をする派か、思い切って使う派か

これらは自分の価値観が浮き彫りになるような質問なので、話しているほうも自己分析をしているような感覚になります。

そして聞いているほうも新しい発見ができるので、「なんか知らんけど、深い話をしている気がする」とお互いに感じられて、とても面白いんです。

自分と全然違う価値観が出てきたら「そうなんだ！」と驚けるし、同じ価値観だったら「わたしもです！」と同調できるので、どちらのボールが飛んできてもしっかり受け止められます。

そんな、「人を選ばず誰にでも聞けて、誰でも話せて、どんな展開になっても深い話になる」のが、「仕事（学業）」「人間関係」「お金」の話なんです。

人は、「自分のことを知りたい生き物」だし、「自分のことを知ってほしい生き物」だと思います。

そのため、相手の話を引き出しているだけで、相手の自己理解がどんどん進んでいき、「なんだか思考が整理された」「知らない自分を発見できた」と感じてもらえるのも、価値観を探る質問のメリットです。

「この人とは趣味や好きなものが合わないかもしれない……」と感じても諦めないでください。ぜひ、価値観を深掘りしてみましょう。

とはいえ、価値観を探る質問は、一歩踏み込んだ内容でもあります。「どんなことにお金を使っているの？」「どんな人がタイプなの？」といきなり聞いたり、一方的に聞いたりしていると不信感を与えることも。

そんなときは、先ほどお伝えした「なぜ自分がそれを聞きたいのか」という理由もセットで伝えてあげるのを忘れずに。

そうすれば、相手も答えやすくなると思います。

まとめ
matome

「仕事（学業）・人間関係・お金」は鉄板のテーマ。
ただし、価値観を知りたい理由もセットで伝えて。

1%でも知ると、ちょっぴり「興味」が湧いてくる

最近気づいてしまったんですが、「おそろしく人に興味がない」のって、「その人の面白さを知らないから」な気がするんです。

「不動産会社に勤めている人」という情報だけだと「へぇ〜」で終わってしまいます。でも、「フィリピンで旅していたときにお金がなくなって、1か月野宿していた」という情報を引き出せたら、どうでしょう。

「なにがどうなってそうなったん!?　ちょっと詳しく教えて?」と、聞く姿勢がちょっとだけ前のめりになる気がするんです。

突然ですが、わたしが好きなアニメは、だいたい「中盤」から面白くなることが多いです。

一大ブームを巻き起こした『魔法少女まどか☆マギカ』は、「3話目」まではただのキュートな女の子たちがマジカルバトルを繰り広げるお話です。『Re：ゼロから始める異世界生活』も、序盤はよくある異世界転生もののラブコメです。

でも、「これは果たして面白いのかなぁ」と惰性で観つづけていると、いきなり予想だにしなかったトンデモ展開が訪れて、やっと「面白い」に変わっていきます（「トンデモ展開」が気になる人は、ぜひ観てみてください！）。

これは、第1話からすべてを曝け出すのではなく、中盤に大きな仕掛けを用意しておくほうが、ストーリー展開的に面白いからなのだと思います。

「人」もそれと似ていて、

足を踏み入れるから、面白さが見つかるんです。

なにも聞き出せていない状態だと、「興味がないな」「つまらなそうだな」と一蹴してしまいそうになります。

でも、ちょっとずつ掘り進めていくうちに、意外な情報が出てきて、「もう少し聞きたいかも？」と、ほんのり興味が湧いてきます。

インタビューライターの仕事では、自分から取材を企画することもあれば、「この人に取材してきて」と頼まれることもあります。

そんなとき、最初は「誰やねんこの人」と思うこともあります。

でもインタビューで話しているうちに、「そんなことを考えているんだ」「そんな経験があったんだ」と発見があって、予想以上に面白い話が聞けることが多いのです。

「面白い」とはなにか。たまに考えるのですが、これはギャグセンスが高いとか、ぶっ飛んだ体験をしているとかではないのだと思います。たぶん、これまで自分にはなかった価値観を持っている人や、自分とは違う考え方をしている人などに感じる、「自分との差」のことを「面白い」と感じるのだと思います。

これまで、いろんな人に会いました。
べつに有名でもなんでもない、ごく普通の人たちです。
でも、そんなごく普通の人たちのことを「面白い」と感じました。

昆虫が好きすぎて1年の半分を島で過ごしている大学生とか。
「いまを生きなきゃ！」と、貯金ゼロで毎晩飲み歩いてる人とか。

働きたくなさすぎてミニマリストになった人とか。

話を聞いていくと、誰にも必ず面白いポイントがあるんです。
でもそれは、話を聞いてみないと見つけられない。
なにも情報がない状態から、相手に興味を抱くのは難しいことです。
「あまり興味がないなぁ」という相手でも、まずは「1%知る」ことを目指して、
「聞く」ことからはじめてみよう。

まとめ

matome

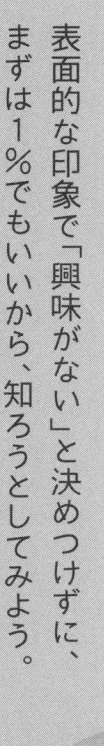

表面的な印象で「興味がない」と決めつけずに、まずは1%でもいいから、知ろうとしてみよう。

第 3 章

うまく返せると
会話が止まらなくなる

When you respond well,
talking will be kept going

いいリアクションが「尋問」を「会話」に変える

「聞き手」にまわるということは、相手にたくさん話してもらうことになるので、必然的に自分が話す割合は減っていきます。

しかし、ただ黙って相手の話を聞いているわけにもいかないんですね、これが。

「インタビュー」と聞くと「一問一答」をイメージしがちですが、実際には一問一答のインタビューでは話が広がりません。

相手も尋問や面接を受けているような気持ちになってしまいます。

わたしも当初は「黙って頷いていればいいんだな」と思っていました。初めてインタビューをしたとき、会話が盛り上がらず、「ヤバい、なにか反応しなきゃ」と焦ったのを覚えています。

ぼけーっと目の前に突っ立っているだけでは、いい「聞き手」とはいえないんです。そんなんテディベアでもできますから。

そして、これは自分が話す側になってみるとわかるのですが、自分が話をしているとき、相手が無反応だと、

「あれ、なんか変なこと言ったかな……」
「あまり話を聞いてくれていないのかな……」

と不安になってしまうのです。

「いいインタビューは〝雑談っぽい〟」と言われます。

会話というのはお互いがなにかしらの反応をし合って初めて成立するものなのだと、インタビューをする側になって気づいたのです。

これは日常会話でもまったく同じです。

自然に会話を繰り広げるためには、無反応のままだったり、矢継ぎ早に質問を投げかけたりしてはいけないのです。

ただ質問を相手に投げかけているだけでは、「質問をする」「相手が答える」という一問一答になってしまいます。

たとえば、

A：最近なににハマっているの？

B：YouTubeを観ることかな。

A：どんなチャンネルを観ているの？

B：ギャルのYouTuberがやっているチャンネルを観ているよ。

A：どんなギャルなの？

これだけでも会話は成り立っているように見えますが、どことなく質問攻めをしているように感じます。

では、ここにあるものを加えてみると……

A：最近なにになハマっているの？

B：YouTubeを観ることかな。

A：そうなんだ！　どんなチャンネルを観ているの？

B：ギャルのYouTuberがやっているチャンネルを観ているよ。

A：へぇ、ギャルなんだ。どんなギャルなの？

どうでしょう。

「ちゃんとあなたの話を聞いていますよ」と、受け止めているような印象を受けるかと思います。

会話は「言葉のキャッチボール」と言われます。

こちらがボールを投げ、相手が投げ返してくれたら、

しっかり受け止めてから、また投げ返そう。

つまり、相手の言葉に対して良いリアクション（捕球）をとり、次の会話に繋がる言葉を投げかける（返球）ことが大切なんです。

人は、人によって話す内容を変えます。

お互いの関係性もあるとは思いますが、「この人には伝わらないかな」「この人に話しても意味がないかな」と思われると、相手がどれだけ面白い話を持っていようと、それを披露してはくれません。

当然、会話も盛り上がらないまま終わってしまいます。

キャッチボールでも、自分が投げたボールをしっかり受け取ってくれなかったり、自分が取りやすいボールを投げてくれなかったら、**つづける気がなくなってしまいますよね。**

でも、「この人は自分の話をちゃんと聞いてくれる人だ」とわかってもらえたら……？

きっと、「とっておきの話を出してあげよう」「これまで、他の人には言っていなかった話をしてみよう」と、面白い話を披露してくれるでしょう。

相手の言葉に対して良いリアクションや返し方をすることで、会話は盛り上がり、自然とつづいていくんです。
この第3章では、そんな、相手の「話したい！」気持ちを高めて、自然と会話を弾ませるための「返し方」についてお話しします。

まとめ
matome

「聞いている」だけでは会話は盛り上がらない。
話したくなる「良い返し」を身につけよう。

ポップな相手にはポップに返そう

まずは、相手への「返し方」に対するちょっとしたコツをお伝えします。

皆さんは普段、音楽を聴きますか？

わたしは基本的にはアップテンポなアニソンやアイドルソングが好きです。

ですが、疲れているときはバラードやヒーリングミュージックが聴きたくなります。アゲアゲの曲を聴くと、ドッと疲れてしまうのです。


会話も同じで、めちゃくちゃ疲れているときに相手がハイテンションでペラペラと捲し立ててきたら「お、おぅ……」と一歩引きたくなるもの。

逆も然りで、自分がハツラツと話しているのに、相手がローテンションだと気分が下がります。

みんなそれぞれ個性があるので、もともとテンションが高い人もいれば、低い人もいると思います。

でも「聞き手」にまわるのであれば、**自分のテンションやリズムを徹底的に相手に合わせてください。**

相手が元気いっぱいに話してきたら、こちらも元気いっぱいで返します。穏やかに話してきたら、穏やかに。早口で話してきたら早口に。のんびり話してきたら、のんびり返すのです。

わたしも、弾丸トークを繰り出す友人とは、いつも弾丸トークで話します。まわりからは「2人とも早口すぎて、なにを言っているのかわからない！」

と言われることがあります。

でも、わたしはもともとそこまで早口なタイプではありません。

相手に合わせて、普段の1・5倍速を意識して話しているんです。

同様に、おっとり癒し系の友人に対しては、こちらも同じぐらいのスピードでおっとりとした会話をするようにしています。

人にはそれぞれ会話のリズムがあります。

心地いい会話とは、自分と相手のテンションやリズムが同じ会話のことなのです。

もし、「この人との会話は噛み合わないな」と感じたら、テンションとリズムを観察してみてください。

相手がしっとりとしたバラードで話しかけているのに対し、こちらはアゲアゲのヒップホップで返していませんか？

わたしは以前、そよ風のようにやさしくお話しする方にインタビューしたとき、お会いできた嬉しさのあまりテンション高く対応してしまい、結果的にこちらが話しすぎてしまう最悪の状態を作ってしまったことがあります。

相手は言葉を挟むタイミングがつかみづらかったのか、口数は少なく、会話は盛り上がりませんでした。会話って、

リズムが異なる人とはうまくまわらないんです。

ちなみにこの「テンションとリズムを合わせる」というテクニック、人によってはまぁまぁ疲れることだと思います。

自分が本来持っている心地いいリズムを捨て、新しい音楽を取り入れなくてはならないのですから、即興演奏をするようなものです。

ただ、合わせてもらった相手は、心地よく会話できて、「この人は話しやすいな」と思ってくれるはず。

「聞き手」に徹するなら、覚えておいて損はないテクニックです。

まとめ
matome

会話の「テンポ」が異なる人とは話しづらい。相手のリズムに合わせて話す意識をしよう。

「相槌」に必要なのは言葉より感情のバリエーション

相手に気持ちよく話してもらうためには、「めっちゃ聞いてますよ！　いい話ですね!!」とアピールするための「相槌」が必要不可欠です。

しかも、自分が思っているよりも、うんとわかりやすいやつ。

インタビュー中は、原稿を書くために録音をすることが多いのですが、あらためて自分の声を聞いてみると、びっくりすることがあります。

自分が思っているほど、感情がこもっていないように聞こえるのです。

すごくつまらなそうな「へぇー」や、興味がなさそうに繰り出される「なるほどー」に、わたしは頭を抱えました。

わたしたちは、思っている以上に声に感情を乗せるのがヘタクソなんだと気づきました。

とくに、コミュニケーションが苦手な人は、より顕著だと思います。

「なにを考えているのかわからない」と言われたことのある人は注意です。

「楽しくなさそうに見えるかもしれないけど、本当に楽しいと思ってるんだよ！」なんて言い訳が必要なぐらい感情が見えづらいなら、相槌は、

自分が思う1・5倍サイズでちょうどいい。

また相槌は、いろんなパターンを持っておくと便利だと言われています。

でも、いくらさまざまなパターンを持っていても、すべて同じテンションで放っていると、結局相手には同じような意味に聞こえてしまうんですね。

「合コンさしすせそ」と呼ばれる、合コンで盛り上がる相槌テクニックがありますが、「さすが〜」「知らなかった〜」「すご〜い」と、言葉を巧みに使い分けても、相手に与える印象が変わらないのなら意味がないですよね。

わたしも一時期、相槌ストックを頑張って増やしていた時期があります。でも、取材を進めていくうちに、**相槌のバリエーションはそこまで多くなくとも会話が成り立つ**ことに気づきました。

相槌のレパートリーを増やすよりも、同じ言葉でも抑揚をつけたりして、感情を乗せたほうがラクじゃない？　と思ったのです。

なので、わたしはインタビューライターのくせに相槌のパターンがそんなに多くありません。

よく使うのは、**「なるほど」「うんうん」「わかるー」**の3パターン。人の話を聞くときの姿勢は、基本的に「同意」でいいと考えているからです。

相槌を打つときに大事なのは、「なにを言っているか」よりも、「どう思っているか」を感情で示すことだと思います。

だから、同じ「なるほど」という言葉でも、新しい発見をしたときの「なるほど!!」や、独り言のように頷く「なるほど……」など、

感情でバリエーションをつけています。

皆さんは『はぁって言うゲーム』をご存じでしょうか。

与えられたお題を、声と表情だけで演じて当て合うカードゲームです。

怒ってる「はぁ」、とぼけてる「はぁ」、感心してる「はぁ」など、同じ「はぁ」でも、与えられたお題に合わせて感情を込めて言い、まわりの人が、お題を当てて合うんです。

これは、相槌に感情を持たせるうえで、とてもいい練習になります。
ちなみにわたし、このゲームがめちゃくちゃ得意で、どんな気持ちの「はぁ」なのかを、ちゃんと当ててもらえるんです。

変に言葉のバリエーションを増やすぐらいなら、同じ言葉でも感情の乗せ方を変えてあげたほうが、よっぽどマシな「相槌」になると思います。

まとめ
matome

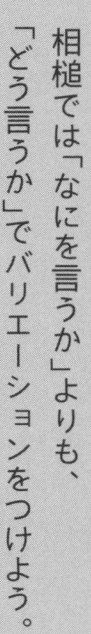

相槌では「なにを言うか」よりも、「どう言うか」でバリエーションをつけよう。

「ヤバくない？」と言われたら「ヤバーい」と返す

わたしがよく使う相槌は、「なるほど」「うんうん」「わかるー」の3パターンというお話をしました。

どれも「肯定」の言葉ですよね。

というのも、「聞き手」にもっとも必要な姿勢が「なにがあろうとも、まずは受け止める」ことだからです。

A：最近日本のドラマにハマってて……

B：えー、韓国ドラマのほうが面白くない？

Ａ：好きな人ができたんだ！

Ｂ：でもこの前、仕事を頑張りたいって言ってなかった？

というように、せっかく話をしているのに「否定」から入られると、ウザいことこのうえないですよね。

「まだ序盤しか話していないけど、もう話さなくてもいいかな」という気分になってしまうと思います。「聞き手」に徹するなら、

相手の「話したい欲」を削がずにいられるか。

これは注意したいポイントです。

もちろん、相手になにか言いたくなる気持ちはわかります。

序盤の段階でつまらない話になる予感がしてしまったり、あまりにしょうもない話に「でも、」と口出ししたくなるかもしれません。

しかし！

とりあえずは「肯定」するんです。

極端ですが、「ヤバくない？」って言われたら「ヤバーい」と返しておけばいいんです。

そうやって最初は受け止めたうえで、それでも相手のためになにか言いたいことがあるのだとしたら、口出しをすればいいと思います。

たとえば、友人が最低な男に引っかかっているとしましょう。

大抵は、「わたし、彼氏のこと好きなんだけど、生活費をせびってくるんだよね～」と話しはじめた時点で、「そんな男、やめちゃいなよ！」という想いがふつふつと湧き上がってくると思います。

でも、そこでその言葉をストレートに発してしまうと、相手は「まだなにも話していないのに、あなたに彼のなにがわかるの？」と思い、拒絶されたと感じて心を閉ざしてしまいます。

「やめちゃいなよ！」

その前に言うこと。それは、

「そうなんだ、大変だね」という肯定です。

もはや「別れてしまえ」という言葉が喉元まで出かかったとしても、相手がその話をはじめたということは、なにかしら聞いてほしいことがあるはず。

それを遮ってしまっては、「そうなんだよ！　大変なの！」と、相手が気持ちよくなる瞬間を奪ってしまうことになる。

であれば、いったんは黙って相手の話に耳を傾けてみましょう。
まずは、相手を尊重する。
なにがあろうとも肯定する。
これはスタンスとして大切にしておきたいことです。

まとめ
matome

相手の「話したい欲」を削いではいけない。
どんな話にもとりあえず「肯定」から入ろう。

「つなぎ言葉」で時間をかせぐ

先ほど、「いったんは黙って相手の話に耳を傾けろ」と言いましたが、そのあいだにやっておいてほしいことがあります。それは、

「次に自分がなにを話すか」を考えておくこと。

インタビュー中は相槌を打ちながら話を聞いていることが多いのですが、そのあいだにも頭のなかはフル回転。これまで聞いてきた情報をまとめて、「次にどんな質問をしようかな」と考えています。

会話が得意な人であれば、こんなことは考えなくてもいいのかもしれません。でも、会話苦手族はこれをやっておかないと大変なことになります。

相槌にそこまでパターンはいらず、肯定だけでいいとは言いましたが、**会話が途切れるタイミング**だけは注意したいところです。

それまで「なるほど」「うんうん」と相槌を入れて聞いていたとして、会話がいち段落しそうなときに、「そうだね」で終わってしまったら、そこで会話が終了するのです。

A：最近日本のドラマにハマってて……
B：うんうん！
A：一見普通のラブコメなんだけど、登場人物が全員おっさんなんだよね

B：なるほどー！

A：新しいよね

B：そうだね！

～終了～

相手の話が終わりかけたときは、相手から「これまでの話を聞いてみて、どうだった？」と聞かれているような状態です。

さすがに「シンプルな肯定」だけでは、「あなたの話、つまんなかったよ！」と返しているようなものです。

このままでは、会話が深まることもなく、「おっさんのラブコメにハマっている」という情報を得るだけで終わってしまいます。

第2章で、「みんなのために質問をしよう」という話をしましたが、これでは「みんな」は満足しませんよね。

さらに、ここでキモなのが、「みんな」が満足しないどころか、「相手」も満足しないということです。

なぜなら相手は、「おっさんのラブコメ」の話をもっと聞いてほしいから。ここで「そうだね」という相槌だけで終え、別の話題に切り替えてしまったら、相手も「なにも聞かないってことは興味がなかったんだな」と、ちょっと物足りない気持ちで話を切り上げてしまいます。

せっかく「おっさんのラブコメの話」をしてくれたのに、自分がそれを台無しにしてしまったのです。

「聞き手に徹する」と言われると、ただ話をいい感じに「ふんふん」と聞いていればＯＫだと思われがちですが、より会話を弾ませるためにはもう一歩踏み込む必要があります。

そこでやってほしいのが、「深掘り」です。

質問には「新しい話題の質問」と「深掘りの質問」の2種類があります。

皆さんにぜひ磨いてほしいのは「深掘りの質問」です。

なぜなら、相手の話をもとにして考えることができるためラクなうえに、**ひとつの話題を長続きさせられる**からです。

第2章の「オススメを聞く」のときにも、深掘りするための質問として「理由を聞く」という返し方を紹介しました。

他にも、「会話終了」のタイミングでわたしがよく挟むのは、次のような質問です。

「つまり、おっさんたちのラブコメってこと？」（要約）

「それは、どんな話なの？」（詳細）

「ということは、おっさんどうしが恋愛しているの？」（言い換え）
「とはいえ、おっさんでしょ？」（逆説）
「たとえば、おっさんが既婚者の場合どうなるの？」（例を挙げる）

深掘り質問のポイントは、「つまり」「それは」「ということは」など、

「つなぎ言葉」からはじめること。

それも、ちょっとゆっくりめに。

「ということは……」と、ゆっくり喋って時間を稼いでいるあいだに次の言葉を考えることができるので、うまく思考をまとめられます。

「相槌のバリエーションをそんなに持たなくていい」と言ったのも、このためだったりします。

相槌の言葉を考えることに頭を使うくらいなら、

次に繋げるための返答を考えたほうがいい。

肯定の相槌だけで会話を続けたり、矢継ぎ早に新しい話題を投げかけていては、ひとつの話題について掘り下げられず、一問一答になってしまいます。どんどん深掘り質問をして、「みんな」と「相手」が満足するまで話を聞きましょう！

まとめ
matome

相手の話を聞きながら、深掘りする質問を考える。「つなぎ言葉」をイメージすると考えやすい。

「わたしのターンだ！」を邪魔しない

しばらく会話をつづけていると、相手が「前のめりになって話しだす」タイミングが訪れます。

最初はこちらの質問に淡々と答えていた相手が、ある話題になった瞬間に、目の色が変わり、10分以上も平気で喋りつづけるようなことが起こるのです。

そうすると、こちらが質問を投げかけたり、たくさん相槌を打ったりしなくても、勝手にペラペラと話してくれるようになります。

この状態になったら、絶対に話題を変えちゃダメ！

せっかく「これはわたしのターンだ！」と相手がイキイキとしているのに、

話題を変えるなんて野暮なことしたらアカン。

この、相手が「話したがっている」状態を見逃さないためにも、小さなサインをチェックするようにしてみてください。たとえば次のようなものです。

・前のめりになっている
・目を見開いている
・話すスピードが速い
・スラスラと言葉が出てくる
・身振り手振りが多くなる
・語彙が増える
・相手からも話題を振られる

たとえば、「〇〇って、知ってる？」と相手が質問してきたとき、大抵の場合、**相手はその話題について話したがっています。**

その場合、すぐに話題を切り替えずに話に乗ってあげると相手は喜びます。

また、ヲタクには**「ヲタク喋り」**というものがあります。

普段はおとなしい人が、自分の得意分野になった瞬間、ものすごい早口で捲し立てることを指します。

これは、いわば相手に共有したい情報が溢れすぎているのに対して、口が追いつかないという状態。

わたしは、この「ヲタク喋り」はヲタク特有のものだと思っていました。

ですが、いろんな人に取材をしていると、程度の差こそあれど、「ヲタク喋り」はすべての人に発生することがわかりました。

自分の話したいことについ熱が入ってしまうのは、万人共通のようです。

しかし逆に、この「話したがっている」サインと真逆のことが起きていたら、**それは相手がつまらなさそうにしているサインです**。姿勢もちょっと引けていて、両手は膝の上で、言葉少なで……となっていたら注意。

相手が「話したがり」状態になる話題を探り、あれこれ振ってみましょう。

相手の興味にヒットしたら、「深掘り質問」でどんどん掘ってあげて。

乗り気じゃなさそうであれば、話題を変える。

相手を観察して、使い分けていきましょう。

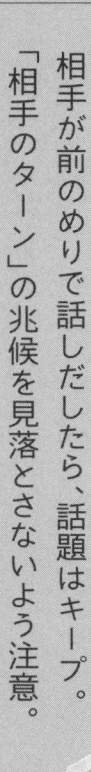

まとめ

matome

相手が前のめりで話しだしたら、話題はキープ。
「相手のターン」の兆候を見落とさないよう注意。

聞く姿勢をととのえて、「興味ある風」を演出する

ここまで、相手が気持ちよく話したくなるような返し方についてお伝えしてきましたが、その前提として、聞く姿勢も大切です。

インタビューライターになりたてのときに先輩から教えてもらったのですが、人の話を聞くときは、とにかく「前のめり」な姿勢になることが大事です。

なぜなら、椅子に深く腰をかけてドッカリ座っているよりも、相手のほうに身を乗り出しているほうが「ちゃんと聞いている」ように見えるから！

具体的には、次のポイントを意識してみるといいと思います。

取材中のマインド

❶ 興味ある風に見せる
「前のめり」な姿勢をとり、相手の目を見て、大きなリアクションをとるよう心がける。

❷ メモに夢中にならない
メモをするのは、パンチライン（金言）が出たときや、新たに疑問が浮かんだときなどにとどめ、会話に集中する。

❸ 取材を楽しむ
楽しんでいる様子は相手に伝わる。「どんな話が聞けるんだろう」とワクワクしよう！

・口角を上げる
・椅子に浅く腰掛ける
・机に身を乗り出す
・身体の方向を相手側に向ける
・相手の目やおでこを見る

「この人に話しても大丈夫かな？」「ちゃんと話を聞いてもらえるかな？」

そんな不安を抱えている相手の、心理的安全性を担保してあげるのです。

いくら口で「あなたに興味があり

ますよ！」と言っていても、目線が泳いでいたり、身体が横を向いていたりすると、興味がなさそうに見えてしまいます。

「口だけやん」と思われないためにも、全身でアピールしよう。

はっきり言ってしまえば、

興味がなくても「興味がある風」に見せろ！

ということです。

ちなみに、目をまっすぐ見ることが苦手な人は多いと思います。

わたしも相手の目を見ようとすると、緊張してすぐに逸らしてしまう癖があるので、常時見るというよりは要所要所で見るようにしたり、おでこや鼻の付け根あたりを見るようにしています。

それでも相手には「目を見て話しているように見える」らしいので、苦手な人はぜひ試してみてください。

また、自らポジティブなムードを作っていくことも大事です。

意識的にムスっとしているわけでなくても、なにかを真剣に考えていると無意識のうちに厳しい表情になってしまう人もいます。

でも、残念ながらそれでは、「つまらなそう」と思われてもしかたありません。

だから話を聞くときは、口を一文字に結ぶのではなく、ちょっと口角を上げてみてください。

仲のいい友人に、いつもニコニコとしていて感じのいい人がいます。

「いつも笑顔だね」と言うと、「いやぁ、笑っていたほうが波風立たずにラクだから笑っているんだよ！」と言っていました。

それに倣って、わたしも「とりあえず笑っておけばオッケー」だと思っています。

だからインタビューをするときは、いつも口角をちょっと上げています。

相槌の代わりに「ははっ」と笑ったりすることもあるほどです。

そのおかげか「いしかわさんがインタビューすると、相手が楽しそう」だと、編集さんに言われることがあります。

どうせ話を聞くのなら、前のめりに楽しく。

そうすると、相手はもちろん、自分も楽しくなってきます。

まとめ
matome

「興味がある風」に見せると、相手も話したくなる。
前のめりな姿勢や表情を意識して聞こう。

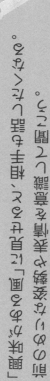

「前のめりメモ」で聞いてる姿勢を見せる

「相手が話している最中にスマホをいじる」って、マナーとしてはとても失礼な行為のように思えますよね。

ですが、場合によっては一周まわって「めちゃくちゃ話を聞いてくれている」ように見せることができます。

普段インタビューをするときは、相手の話を聞きながら、ときおりメモ帳を開いてペンを走らせたり、パソコンを開いてメモアプリに直接タイピングしたりして、大事なポイントを聞き逃さないようにしています。

これってべつに、失礼な行為ではないですよね。

むしろメモを取らずに、録音もせずに、ただ聞かれているほうが、「わたしの発言をすべて覚えられるのかな？」「この人はちゃんと聞いているのかな？」と不安になってしまいます。

「オススメ教えて！」と言われて答えたのに、相手がなにもメモを取っていなかったら、

「いや、そこはメモしとけや〜！」

と、心のなかでつっこんでしまいます。

とくに、飲み会などの発言は聞き流されてしまいがちです。

上司がどんなにいいことを言っていても、翌朝目覚めたときは「なんだかいい話をしていたような気がするけど、なんだったけな？」と記憶が吹っ飛んで

いることがほとんどです。

べつに酔っ払ってないはずのインタビューだって、だいたい同じです。インタビュー直後はスラスラと原稿が書けるのに、1週間経って録音を聞き返してみると、「そういえばこんなことを言っていたな……」と、記憶が掘り起こされるような感覚がします。

その段階でちょっと忘れかけているのだと思います。

人間はすぐに忘れてしまう生き物ですから、会話のなかで「相手の言ったことを100%記憶しておく」というのは無茶な芸当です。だから、

記憶するのは諦めて、とにかくメモをしよう。

ちなみに、わたしは次のようなタイミングでメモをします。

・知らない言葉が出てきたとき
・「名言」っぽいものが飛び出したとき
・書籍や人の名前などの「固有名詞」が出たとき
・「オススメ」「好き」「ハマってるもの」を聞いたとき
・自分が持ちかけた相談の「回答」を言ってくれているとき
・なんかよくわからないけど相手が熱弁しているとき

もし、いきなりスマホを取り出すのは躊躇してしまうようであれば、「メモします！」「ちょっと検索してみますね」と一声かけてみてください。

相手からしても、「あれっ、なんか自分いいこと言ってるのかも!?」と感じて、悪い気はしないはずです。

独り言のように「メモしとこ～」とボヤくのでもいいと思います。

メモをするときのポイントは、目線を手元に釘付けにするのではなく、メモをしながら相手のこともちゃんと見ること。

ちなみに、この「前のめりでメモを取る」方法は、わたしがインタビュアーになりたてのころに、先輩に教えてもらったテクニックです。日常生活でも使えるので、ぜひ実践してみてください！

まとめ
matome

人間は忘れやすい生き物だから「メモ」をしよう。その姿勢は、相手にも好印象に映るはず。

第 4 章

落とし穴を知っておくと
会話が怖くなくなる

Knowing the pitfalls
makes you less scared to talk

自己満足な「クソバイス」はありがた迷惑になるだけ

変な話ですが、はりきって挑んだインタビューほど、わたしはやらかしてしまうことが多いです。

「質問をすること」に集中するあまり、相手の言葉を流してしまったり、知ったかぶりをしたり、沈黙をうめるように矢継ぎ早に質問してしまったり……。

でも、相手の気持ちを無視して自分の「聞きたい！」という想いを先行させることは、本質的には「聞けて」いないんですよね。ただの自己満足なんです。

会話は、自分が頑張れば頑張るほど、落とし穴にハマりやすいものです。

でもその穴を知っておけば、リラックスして話せるようになると思います。

この章では、相手の「話したい気持ち」を阻害してしまうNGな聞き方をご紹介します。

よく「女性は話を聞いてほしいだけ」なんて言われますが、わたしは男女にかぎらず、「話を聞いてほしいだけ」の人は意外といると思っています。

なので基本的には、楽しいことを話していたら、「楽しそうだね」と共感しながら話を聞いてあげます。

相手がつらいことを話していたら、「そうなんだね、つらかったね」と相槌を打ちます。それがベストです。

でも、そうやってちゃんと話を「聞いて」あげられない人は多いものです。

A：会社がブラックでつらくて……。

B：そうなんだ。辞めちゃえば？　いい転職エージェントを紹介するよ！

A：でも、人間関係はすごく良好なんだ……。

B：でもつらいんでしょ？　だったらすぐに辞めたほうがいいって。

A：……。

こんな会話をしているとき、Aさんは「話を聞いてほしいだけなのに聞いてもらえない」と思っていますし、Bさんは「せっかくアドバイスをしているのに聞いてもらえない」と思っています。

でも、求められていないのにアドバイスをするのは、ちょっと野暮です。「自分に相談してくれたのだから、力になってあげたい」「なにか、自分にできることをしてあげたい」と、相手のことを思ってアドバイスしてしまう気持ちもわかります。

ですが、「アドバイスをする」というのは、

自分自身が気持ちいいことなんです。

自分がその人のために、なにかをしてあげられている。
有益なことを言ってあげられている。
そんな充足感を得られるから、ついアドバイスをしてしまうのです。
でも、おそらくAさんが求めているのはこんな会話です。

A：会社がブラックでつらくて……。
B：そうなんだ。大変だね。
A：でも、人間関係はすごく良好なんだ。
B：それはたしかに、ちょっと辞めづらいね。

A：そうなの。先輩も後輩もいい人なの！

シンプルに共感されたい。それだけなんです。

だから、腹のなかでは「つらいなら辞めればいいのに……」と思っても、グッと堪えて、とことん寄り添ってあげましょう。

そのうえで、相手から「どうしたらいいかな？」「なにかアドバイスない？」「あなたの意見が聞きたい」と言われたら、やっとアドバイスをするぐらいでいいと思います。

わたしの場合は、ひととおり話を聞き終えたタイミングで、

「ちなみにこれって、アドバイスとかいる……？」

と、ストレートに聞くこともあります。

そうすると、「参考程度に聞きたい！」と言われることもあれば、「いまは大丈夫！」と言われることもあります。

そんな相手に対して、「アドバイスを求めていないのに、なんで話すんだろう？」と思う人もいるかもしれません。

ですが、話すだけでラクになることはたくさんあるんです。

たとえば、カウンセラーや占い師さんのなかには、とくに根本的な解決策を示すわけではなく、ただ相手の話を聞いて共感してあげるだけの人もいます。

でも、訪れた人は自分の想いを打ち明けて晴れやかな気持ちで帰っていきますよね。

ちなみに、インターネット界隈では、アドバイスをして自己満足する人は

「アドバイスおじさん」「教えたがりおばさん」などと呼ばれています。
また、ありがた迷惑なアドバイスは「クソバイス」とも言われます。

年齢差があったり、そこまで仲良くない関係性の人にアドバイスをした場合は、聞き手側は「黙って話を聞いたほうがいいだろうなぁ」と、本当は迷惑だけど、なにも言えずに聞いているということも多いと思います。

「自分のアドバイスはありがたがられてるんだ」と勘違いしないように注意しましょう！

まとめ
matome

ただ「話を聞いてほしいだけ」の人もいる。
悩みを聞いても勝手にアドバイスしないように。

「知ったかぶり」より、無知の「知りたがり」に

「○○って知ってる？」

「○○ってあるでしょ？」


会話の途中で、相手からこんなふうに聞かれること、ありますよね？

そんなとき、これまでわたしは、知らないくせに「知ってる！」「聞いたことある！」と、謎に小さな嘘を吐いたりしていました。

「自分が無知であるがゆえに、わざわざ相手に説明させるのも申し訳ない」と思っていたのです。

でも、インタビューライターになってからは、それをすることで聞きたいことが聞けなくなったり、的外れなことを言ってしまったりすることになると気づきました。

気遣いをするのはいいことかもしれませんが、「知ったかぶり」は、ときにマイナスになるんです。

「わからない」「知らない」と無知を素直に認めて申告し、相手に説明を求めるのは抵抗のあることかもしれません。

でも相手にしてみれば、べつにこちらが博識であることを求めているわけではなく、「もし知っているのなら、この話をしたい」と思っているだけです。

知らない話をしても面白くないだろうからと、気遣ってくれているのです。

それが、本当は知らないのに「知ってる！」と嘘をついて話を合わせると、どうなるでしょう。

A：『〇〇』って映画知ってる？
B：うん、知ってる！（嘘）
A：主人公の恋の悩みがすごいリアルで、共感できたよね。
B：えーっと、うん！
A：主人公がいきなり美少女に変身するところ、どう思った？
B：……えーっと……いいんじゃないかと思ったよ……！

というように、いかんせん「知らない」ので深いところまで議論ができず、なんとも薄っぺらい会話を繰り広げることになります。
また、「知っているフリ」を貫き通すのも至難の業です。
憶測で話したり、早く話題を替えようとしたりと、本来楽しいはずの会話のなかで、ひとり戦う羽目になります。

それでは会話は噛み合わず、もちろん相手も話していて違和感を覚えます。

つまり誰も得をしないので、

知らないことは「知らない！」と言おう。

そして、「あまり詳しく知らないから、ぜひ教えてほしい！」と前のめりに聞いてみてください。

わたしはアイドルや漫画が好きなので、もちろんそれらを相手に「知ってほしい」という気持ちがあります。

自分の好きなものを好きになってもらえたら、一緒に盛り上がれるし、ライブに行ったり、イベントに行ったりすることもできるからです。

一方で、自らグイグイと相手に押し付けるのは気が引けます。

人にはそれぞれ好みがあるし、自分がいいと思っているものが相手にとって良いものかはわからないから、共有する相手は慎重に選びます。

だから、「教えてほしい！」と言われたら、「わからないなりに、知ろうとしてくれているんだ」と感じて嬉しいですし、喜んで教えたくなります。

知らないことは恥ずかしいことじゃない。

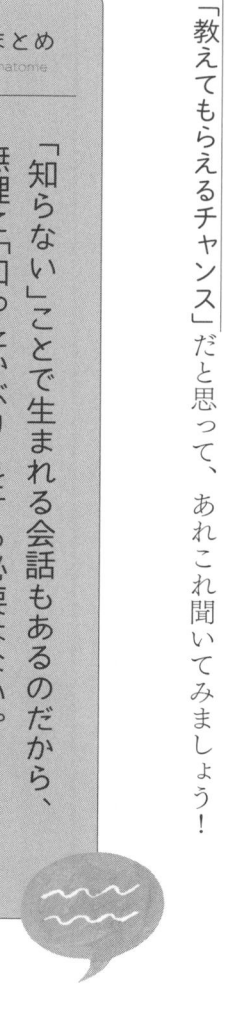

「教えてもらえるチャンス」だと思って、あれこれ聞いてみましょう！

まとめ
matome

「知らない」ことで生まれる会話もあるのだから、無理に「知ったかぶり」をする必要はない。

「あなたよりも知ってる！」と勝負を仕掛けない

「知ったかぶりはよくない」とお伝えしました。

ですが、仮に「知っている」場合でも、「聞き手」に徹する場合は、一歩退いた姿勢を取ることをオススメします。

わたしが初めてのインタビューに臨む前に、先輩から教わったのは、「たくさん準備をしたら、それを一度すべて忘れるようにする」ことでした。

「どうして一生懸命覚えた内容を忘れないといけないんだ！」

当時はそう思っていました。

でもその背景には、「せっかく調べてきたのだから、その成果を相手に見せ

たい」という自己満足な想いがあったんですね。

なぜ忘れなければいけないのか。いまではわかります。

それは、相手の話を奪ってしまう可能性があるからです。

たとえば、相手が「ゲームにハマっている」という事前情報を得ていたとしましょう。

そこで「あ、知ってます。友だちと通信でくだらない雑談をしながらゲームをするのがなによりも至福の時間なんですよね？」なんて返した暁には、相手がこれからしようとしていた話を奪うことに。

本来なら、「へぇ、ゲームにハマっているんですか！」「どんなゲームなんですか？」「どんなところが楽しいんですか？」と前のめりで聞けるところが、会話が一瞬で終わってしまうんですね。

だからこそ、「調べたうえで、忘れる」というのはインタビューにおいて大事なんです。

これは普段の会話でも意識したいところです。

こちら側があまりに知識をひけらかしすぎると、相手の「話そう」という気概を削いで、**話し手と聞き手が逆転してしまう**こともあります。

第1章でもお伝えしたように、いまはSNSの時代であり、会っていないあいだにも、友人や知人の情報が入ってきます。

事前に情報を得ている状態で会話をすることも珍しくはありません。

そこでたとえば、こんな会話をしてしまうと、相手はどう思うでしょうか。

友達：最近、とってもおしゃれなカフェを見つけたの！

自分：あ、この前Twitterにあげてたお店だよね！　店内もおしゃれで、料理もとっても素敵だったね。あと庭にたまに猫が遊びにくるんでしょ？

友達：うん、そう。そうだったの……

ＳＮＳを介したコミュニケーションは難しいものです。「あなたの投稿、ちゃんと見ているよ！」と伝えなくてはと思ってしまう気持ちもあるでしょう。

ですが、そこはいったん我慢して、

「相手のターン」を与えてあげましょう。

すると、こんな会話になるのではないでしょうか。

友達：最近、とってもおしゃれなカフェを見つけたの！

自分：へー、そうなんだ！　どんなお店？

友達：自由が丘にあるお店なんだけど、店内がアンティーク調でとてもおしゃれで、料理もとっても可愛いの！　しかもね、ある特徴があってね。

自分：なになに？

友達：じつは、お店の窓から庭が見えるんだけど、そこにたまに猫が遊びにくるの！　わたしが行ったときもたまたま来ていて、とても可愛かったな～

自分：あ！　それもしかして、この前Twitterに上げてた猫の写真のこと？　可愛かったね！

友達：でしょー！

もし、SNSなどで事前に得た情報を会話に活かすなら、「そういえばこの前、新しいカフェのことを投稿してなかった？」と、相手に会話を振る際に活用しましょう。

あくまできっかけを与えるだけで、その中身は相手に話してもらうのです。

相手がはじめた会話を、自分の「知識自慢」や、「あなたのこと気にかけているよ」アピールにすり替えないよう、注意してください。

間違っても、「あなたよりも知ってるよ！」とねじ伏せにいかないように。

会話は「知識によるマウントのとりあい」ではないんです。

まとめ
matome

会話は「知っていることを披露する場」ではない。
たとえ「知っている」ことでも、相手に話をさせて。

「考えているだけの沈黙」を頑張って埋めない

自分がなにか質問をして、相手が考え込んでしまったとき。「どうしよう、変なことを聞いてしまったかな」と焦ることがあります。コミュニケーション下手であればなおさら、迷惑をかけたのではないかと感じて焦ってしまうと思います。

ですが、その「間」に耐えられなくなったからと、**沈黙を埋めようとしてはいけません。**

わたしもインタビューライターになったばかりのころは、突然の「シーン」

が怖くて、相手がちょっと黙るたびに慌てて別の質問をしたり、矢継ぎ早に話したりしていました。

でも、冷静に考えてみると、

「考える」のに必要な時間は人それぞれ違うもの。

「嫌な質問をされたな……」と困っているのではなく、考えるのに時間を要しているがゆえの沈黙であることもあります。

考えているところに別の質問を投げかけられたら、なおさら困りますよね。

たとえば、インタビュー慣れしている芸能人の方などは、質問に対してテキパキと答えられる方が多いです。それは「聞かれ慣れ」しているからです。

でも、これが芸能人でもなんでもない、一般の方だったら、言い淀んだり、考え込んだりする方もいます。

普段から自分の思考や想いを言語化するのが習慣になっているわけではないので、「それは考えたことがなかったな」「初めて聞かれたな」となり、答えを出すまでに時間がかかります。

よく聞かれている質問だったら、あまり考えずにスラスラと答えられるけど、聞かれたこともない質問だと、ちょっと考えないとわからない。

それはわたしたちだって同じことです。

そんなときは「変な質問をしたんじゃないか」と慌てずに、少し待ってあげましょう。

そのうえで、それでもなかなか言葉が出てこないときは、「本当に相手が困っている」可能性があります。

そもそも質問の意図がわからず、「どう答えればいいのか」がピンと来ていない状態です。

そんなとき、わたしがやるのは、

「たとえば」と例を挙げて聞くことです。

わたし：仕事において、大切にしていることはありますか？

相手：大切にしていること……う〜ん……………。

わたし：たとえば、「つねに先回りして動くようにする」とか、「小まめにコミュニケーションを取る」とか。

相手：あぁ、なるほど。それなら、「相手の期待を超えるものを出す」ことですね。

というように、具体例という名の「助け舟」を出して、それとなく「こういう感じのことが聞きたいんです！」という道筋を示すのです。

「どう答えればいいのか」のヒントが得られると、相手も答えやすくなります。

相手が答えを考えているのか、どう答えればいいのかがわからないがゆえに考えているのか。

そこを見極めて、助け舟を出してあげましょう。

まとめ
matome

相手が「考えている時間」を邪魔してはいけない。
沈黙を恐れずに、慌てずに待ってあげよう。

「NGトークテーマ」より気にするべきは「相手の反応」

「質問による沈黙を怖がらないで」とお伝えしましたが、なかには、されて困るような「変な質問」もあると思います。

では、「変な質問」をしないためにはどうすればいいのでしょう。

……といっても、万人に当てはまるような解決方法はない、というのが正直なところです。

「NGなし！　なんでも聞いていいよ！」という人もいれば、「恋愛のネタはちょっと……」という人もいます。

マナー本などでは「宗教や政治の話はNG」と書かれていることは多いです

が、それも人によります。

また、関係性によっても開示する情報は変わってきます。まったく仲良くないのに、いきなり「貯金、いくらぐらいある？」と聞かれたら、誰でも「なんでそんなこと教えなきゃいけないの？」と怪訝に思いますよね。

つまり、相手によって柔軟に判断する必要があります。

それを踏まえて、気をつけられることがふたつあります。ひとつは、

「枕詞」をうまく利用すること。

質問をする前に「こんなことを聞いてもいいのかな？」と少しでも不安に

思ったのなら、「枕詞」のクッションを置いてみます。

「こんなことを聞いていいのかわからないけど……」
「すごくしょうもないんだけど……」
「失礼だったらごめんなんだけど……」
「ちょっとプライベートな質問になるんだけど……」
「前にも聞いたかもしれないんだけど……」

そんな言葉があるだけでも、相手は「気遣ってくれてるんだな」とやさしさを感じることができます。

そのうえで気をつけたいのが、ふたつめのポイントである、

「相手の反応」をよく観察することです。

相手が「ものすごく考え込んでしまったこと」や、「すぐに話を終わらせたこと」に関しては、あまり深掘りせず、次の話題へと切り替えます。

首をかしげる動作や、「わからない」という言葉はそのサイン。

そして、相手の顔から笑みが消えて、明らかに怒っている、ムッとしているのであれば、**「不躾なことを聞いてしまってごめんなさい」**と素直に謝りましょう。

また、なかには「人と関わりたくない」「そもそも話すのが好きではない」という人もいます。

わたしは、そういう人とは、**無理に会話をしなくていいと思います。**

「全人類、話せばわかりあえるはず！」と思いがちですが、絶望的にテンポが合わなかったり、話をしていてもお互いが面白いと感じられなかったりする人はいます。

こちらが最大限の努力をしたうえで、それでも話が弾まなかったら、サッと会話を切り上げるのもまた、ひとつのコミュニケーションだと思います。

まとめ
matome

「聞いちゃいけないこと」だけ意識するのではなく、相手の反応を見て、会話をつづけるか判断して。

「聞き手になる」ことに意固地にならない

大学時代、とっても聞き上手な友人がいました。やさしく話を聞いてくれて、話しやすいようにいろいろ質問を投げかけてくれる女性でした。

一方で、「〇〇ちゃんの話も聞きたいよ！」といくら言っても、いつも「わたしの話はいいよ」とひらりとかわされていました。

それはそれで物足りなくて、結局仲良くなりきれなかったことがあります。

「みんな、自分のことを喋りたい生き物だから、話を聞いてあげよう」とは言いましたが、それは「自分からは一切話さなくていい」ということではありま

せん。

話を振られているのにぜんぶかわしていくと、ミステリアスを通り越して「相互理解が進まずに仲良くなりきれない」という落とし穴にはまります。

第3章で、コミュニケーションとはキャッチボールだとお伝えしました。「意地でもボールを持たず、ひたすら相手にボールを渡しつづける」ことが、聞き上手になるということではないのです。なので、

「自分の話をしたら負けだ！」とは思わないで。

もちろん、グイグイ自分の話をする必要はない。けれど、相手がせっかく質問してくれているのなら、それを蔑ろにせずに、ちゃんと答えてあげるのも「会話」だと思うのです。

わたしはインタビューの練習のために、「今日は『聞き手』にまわって話を聞くぞ！」と目標を立てて飲み会に行くことがあります。

でもそれは、あくまで自分で決めていることであって、相手には関係がないことです。自分の目標を達成することに意固地にならず、心地よく会話をすることを目指しましょう。

逆に、自分の話をして**自己開示をすることで、相手が進んで会話をしてくれる**という場合もあります。

たとえば以前、「ポジティブ」にまつわるインタビューをしたときのこと。「落ち込んだとき、どうやって立ち直っていますか？」と相手に聞くと、「どんなときに落ち込むの？」と返ってきたことがありました。

そこで、わたしが学生時代に経験したひどい失恋話を打ち明けると、「わかる！」と共感してくれて、相手も赤裸々に話をしてくれました。

こちらが自己開示をすると、相手も自分のことを打ち明けたくなる。

この現象は「自己開示の返報性」と言うそうです。

相手から話を振られたとき、あるいは相手がそこまで心を開いてくれていないと感じたときは、まずは自分から少し話してみるのもいいかもしれません。

まとめ
matome

相手が話してくれるから、自分も話したくなる。「聞く」に意地にならず、自分のことも開示しよう。

「聞きたくない話」は聞いてる「フリ」で流す

「聞き手」とはいえ、あまり「聞きたくない話」をされることもあるかと思います。

インタビューであれば、「次の質問なのですが……」と切り替えたり、「質問は以上になります。本日はありがとうございました！」という常套句で逃げられますが、日常会話だとそうもいきませんよね。

たとえば、他人の愚痴や悪口を聞かされたとき。

相手にとっては話すことがストレス発散にもなるので、苦じゃないのであればぜひ聞いてあげてほしいところではあります。

でもその場合も、無難にやり過ごしたいなら、自分も一緒になって愚痴を言わないようにしましょう。

便乗して自分も愚痴を言うと、よりヒートアップして長引く可能性があります。早めに切り上げたい場合は共感だけに留めておきましょう。

ここでポイントなのは、「わかるわかる！」と激しく共感するのではなく、「あまりよくわからないけど、大変なんだね」と、

あくまで自分は参戦しないスタンスでいること。

すると、「この人は愚痴を言うのにふさわしくないかも」と、相手のほうから引いていくと思います。

また、聞きたくない話の場合は、率先して話題を変えるのもアリです。

「いま失恋中で恋愛の話はしたくないんだ。ドラマの話でもしない？」

「休日なんだから仕事以外の話がしたいな。最近どこか旅行に行った？」

「なんだか話を聞いてたら、わたしも落ち込んできたわ……。切り替えて明るい話をしよう！」

唐突に話題を転換すると不審に思われるので、「聞きたくない理由」をやんわりと示しつつ、さりげなく変えてあげると波風が立たないと思います。

もし話の終わりが見えないのであれば、

「行動」によって強制的に話題を変える。

これもオススメです。

わたしが普段よくやっているのは、次のような行動です。

・（食事中の場合）注文をする、水をもらう、お皿を下げてもらう

「ビールでも飲まない？」

「いっかいお皿を下げてもらおうか？」

・トイレに行く

「ちょっとお手洗いに行ってくるね」

・予定や時間を理由に切り上げる

「もう21時だ！　そろそろお会計もらってもいい？」

「じつは次の予定があって……」

「母に電話しないといけなくて、ちょっと抜けるね」

以前、ある経営者に取材をしたとき、その人は、成功をするコツは「聞きたくないことは、聞いているフリだけしておくこと」だと言っていました。

ポジティブなことも、ネガティブなこともそうですが、なんでもかんでも真摯に受け止めていたら、自分のほうが潰れてしまいます。

ありがた迷惑なアドバイスや、自分にとってマイナスになるようなことはうまく聞き流して、気持ちよく話を聞いてあげてください。

まとめ

matome

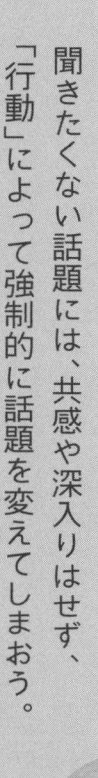

聞きたくない話題には、共感や深入りはせず、「行動」によって強制的に話題を変えてしまおう。

第 5 章

「書く」ことで「聞く」が習慣になる

Writing leads you to be a good listener

「書く」ことで、会話の印象をアップデートしよう

わたしは、年間100本ほどの日記を書いています（「日記なのに毎日じゃないの？」というツッコミは無視します……）。

そのタネとなるのは「読んだもの」「観たもの」、そして「誰かから聞いたこと」が中心となることがほとんどです。

もちろん、職業柄、本を読んだり、映画を観たりと、さまざまなコンテンツに触れてインプットするようにはしているのですが、**もっとも多いのが「人の話を聞く」というインプット**なんですね。

家のなかで聞いた「家族からの話」や、ごはんを食べに行ったときに聞いた

「友人の話」、仕事先で聞いた「取引先との話」など、「聞く」ことは生活のあちこちに落ちています。

そして「聞く」ことは、わたしのように「書く」ことで真価を発揮すると思うのです。

この章では、「聞く習慣」をより身につけるための、聞いたことをアウトプットする際のコツをお話しします。

まず伝えたいのが、会話が苦手な人こそ、「文字」を味方につけてほしいということです。

中学生のとき、友人に自分のお気に入りのＣＤを貸したところ、1曲ごとの感想が書かれた手紙をもらったことがありました。

「自分が勧めたものを、こんなに丁寧に聴き込んでくれたんだ！」

わたしは驚いたと同時に、とても嬉しかった記憶があります。

最近でも、動画のなかで一緒に対談をするというお仕事をした会社から、「こんな反響がありました」「視聴者からこんな感想をもらいました」という感謝の手紙をいただいて、またご一緒したいなと思ったことがあります。

もちろん、その友人や会社からは、「CD貸してくれてありがとう。この曲が好きだったよ」「ご出演ありがとうございました。この話がよかったです」など、その場でも感想を言われてはいます。

でも、あらためて文字にして教えてもらえると、喜びが増すんですよね。

いまは本もCDも貸し借りすることが減ってきたので「手紙を添える」機会もなくなってきました。

でも、コミュニケーションが苦手なわたしたちだからこそ、誰にも邪魔されずに、ひとり落ち着いてしたためることができる、

文字は強い味方になってくれます。

相手がオススメしてくれたことや、時間をとって話してくれたことへの「感想」や「お礼」を文字にして伝えることで、より良い思い出として、相手の印象に残っていきます。

「直接会って伝えればいいのでは？」と思う人もいるかもしれません。

ですが、文字にして相手に伝えることには、ふたつの良い点があります。

ひとつは、口では言えなかったことを補足できること。

とくに、口下手な人は思ったことをそのまま言葉にするのが苦手です。

相手を目の前にすると、うまく言葉が出てこなかったり、言い淀んでしまったりすることもあるかと思います。

でも後日、それを補足して文章で伝えることで、自分が伝えられなかったことを、相手に届けることができます。

仮に、そっけない態度で会話が終わってしまったとしても、あとからＬＩＮＥやＤＭで「久しぶりに会えて嬉しかったよ！」と送っておけば、いい感じの印象で終えることができます。

文章を送ることで、会話の終着点を延ばすことができて、

会話の「最後」の印象を塗り替えられるんです。

ふたつめの良い点は、耳ではなく目から情報を受け取りやすい人にめちゃくちゃ伝わりやすくなること。

人には「認知特性」というものがあります。

これは、五感から入ってきた情報をどのように脳で整理したり、記憶したりするのが得意なのか、という特性のことです。

人によって異なるものなので、「聞いたことのほうが理解しやすい」聴覚優位な人もいれば、「文字で見たほうが理解しやすい」視覚優位な人もいます。

わたしは「耳で聞いたことを処理することが苦手」な視覚優位タイプです。だから、同じ内容だとしても「これをやっておいてね」と口頭で指示されるよりも、メールやチャットで文字にして送ってもらったほうが助かります。そのためインタビュー中も、話を聞きながらメモをしたり、調べたりすることで、理解を深めていきます。

そんな視覚優位な人は、感謝のメッセージなども、あえてテキストで届けられたほうが、深く心に沁み入る可能性が高いのです。

わたし自身も、取材をしたあとで相手にお礼のメッセージを送ったり、SNSで「〇〇さんに教えてもらった本を読みました」と発信をしたり、きちんとテキストとして残すようにしています。
会話をしたことを、より良い記憶として相手に残す。
それが「書くこと」の持つ効果なのです。

まとめ
matome

聞いたことは「書く」ことでさらに価値を発揮する。「感想」や「感謝」を文字にして伝えてみよう。

「未来の自分」のために相手の言葉を残しておく

文字にして相手に想いを伝えるのも大事ですが、わたしはここからもう一歩踏み込むようにしています。

相手の話をもとにして、日記を書くんです。

これは、もしかしたらインタビューライターという職業ならではの「癖」なのかもしれません。

インタビューというのは、基本的に「記事を書く」ために行うものなので、「書く」前提で話を聞きます。

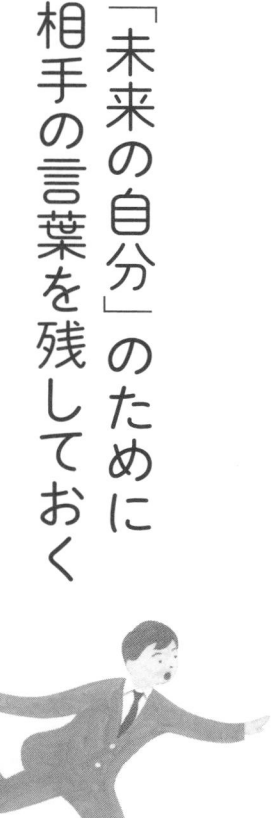

だから会話をしたあとは、「せっかく時間を割いて話を聞いたのだから、な

にかしらの形に残さなければもったいない」という心理が働くのです。もはや職業病に近いですね。

普段何気なく会話をしていると、あまり気づかないかもしれないですが、人との会話はネタの宝庫です。

飲み会などの帰り道に、「今日の先輩、すごく良いことを言っていたな」とか、「あまり話したことがなかったけど、あの人との会話が楽しかったな」とか、あれこれ反芻しながら帰ると思います。

それを、自分のなかに留めてあっけなく忘れていくのか。それとも、

未来のために残しておくのか。

たとえば、信頼している先輩に悩みを打ち明けて、いい感じのアドバイスを

もらったとして、それをいつまで覚えていられますか？

おそらくわたしは、翌日にはケロッと忘れていると思います。

話を聞いた時間が無駄な時間だったというわけではなく、わたしが忘れっぽいだけです。

ですがせっかくアドバイスをもらったのに、それが記憶のなかのどこにも残らなかったというのは、自分としては切ないことです（もちろん、先輩にとっても）。

でも、これをちゃんと書いて残しておいたのなら……。

また同じような悩みを抱えたときに、窮地に追い込まれたときに、ふたたびそれを読み返して心を落ち着けたり、解決したりできますよね。

わたしはよく、自分の日記を読み返します。

悩んでいたときにもらったアドバイスや、話のなかで耳にした素敵な言葉、新しく知った情報や知識。

それを自分のなかにちゃんと蓄積していきたいから、書くんです。

日記といってもたいしたものではなく、スマホのメモ帳にちょっと書き残しておくだけでもかまいません。

誰かと会話をしたのなら、「自分のために」書き残しておく。

すると、いつか未来の自分を救うことになると思います。

まとめ
matome

聞いてよかった話やためになった話は、文字にして「未来の自分」に残してあげよう。

「感想を書く」という最強のコミュニケーション

「聞いた内容を書き留めておく」ことは、活用のしかたによっては最強のコミュニケーションにもなります。

日記は基本的に、誰にも見せないもの。自分だけの大切な宝箱のなかに、そっとしまっておくもの。そんなイメージがあります。

でも、インタビューライターのわたしにとっての日記はちょっと違って、

公に出して、「みんな」と共有するもの。

これです。せっかく聞いた素敵な話、自分だけのものにするよりも、誰かとシェアしたいんです。

ＳＮＳなどを見ていると、多くの人が「誰かから聞いた話」をシェアしていることに気づきます。

「これは先輩から聞いた話なんだけど……」
「友だちと話していて気づいたけど……」
「卒業するときに先生から言われた言葉があって……」

そんな書き出しから始まる投稿の多いこと！

文章にしなくても、「聞いた話を誰かに共有する」のは、みんなも自然にやっていることだと思います。

「この前〇〇が言ってたんだけどさ」なんて、友だちから聞いた話をすることは、珍しいことではないですよね。

これを、文章という形にして公開してみるんです。

人から聞いた話を「自分だけのものにする」のと「みんななに届ける」。ふたつの行為にある壁はたったひとつ、

「投稿」というボタンを押すだけです。

スマホのメモをSNSやブログなどに貼り付けて公開ボタンを押せば、インターネットという大海原に放つことができます。

そうするとなにが起こるのか。まず、相手が喜びます。

たとえば、以前わたしが自分のキャリアに思い悩んでいたとき、フリーランスの先輩に相談をしたことがあります。

そこで教えてもらった内容を書いて投稿したところ、先輩が喜んでシェアを

してくれました。

わたしとしては、とても勉強になる情報をいただいたので、それを残しておくような気持ちで文章にしておいただけです。

ですが相手にとっては、「自分が話した情報が文章としてまとまる」というのはとても嬉しいことなのです。

「参考になった」という気持ちが、「参考になりました！」という上っ面の言葉よりも、はるかに信用できるものとなって相手に伝わる。

これは最強のコミュニケーションですよね。

さらに、文章を読んだ人にとっても、良いことが起こります。

文章を読んだ人は、普通なら、この先輩から直接話を聞くことはできません。べつに知り合いでもないし、話を聞くような関係でもないからです。

でも、「わたしの文章」を通じて、間接的に先輩からメッセージを受け取る

ことができます。

わたしと同じような悩みを抱えている人は「参考になる」情報を得られて、「わたし」と「先輩」に対して感謝の気持ちが芽生えるかもしれません。

ひとつの会話を文字にしてシェアすることで、その情報の価値が上がり、自分だけでなく、まわりの人もハッピーになれるのです。

話してくれた相手とのコミュニケーションに加えて、それを読んだ人とのコミュニケーションも生まれます。

だから、「聞いたことを書いて出す」ことは、最強なのです！

まとめ
matome

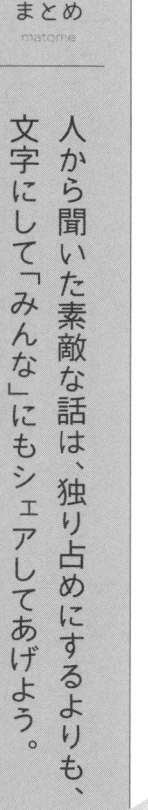

人から聞いた素敵な話は、独り占めにするよりも、文字にして「みんな」にもシェアしてあげよう。

人から聞いた話は「だから、どうした」を入れて書く

「聞いたことを書いて出す」ときに使える、ちょっとしたコツがあります。

それは、自分なりの感想を入れることです。

会話にかぎらず、時事ネタやニュースに対してSNSで言及している人が多くいますが、「こんなニュースがあるよ」とシェアしているだけでは、それはただのニュースです。

または、学校ではよく「読書感想文を書く」課題がありますが、本の内容を説明するだけでは、単純に「要約」しているだけ。ただのあらすじです。

ニュースもあらすじも、なにがダメかというと「誰でも書けてしまう」ところ。

それはつまり、べつにあなたの文章を読まなくてもいいということです。

だからこそ入れてほしいのは、

「だからこう思った」という自分の主観です。

先ほど例に挙げた、わたしが先輩にキャリアの相談をしたときの話でいくと、先輩からは「80％は興味のあることをやって、20％は好きなことをやるといいよ」というアドバイスをもらいました。

これをそのまま文章にすると、

〝先輩は、「80％は興味のあることをやって、20％は好きなことをやるといいよ」と言っていた。〟

になると思うのですが、これでは先輩の言葉をそのまま書いただけ。

「だから、どうしたん？」と、思ってしまいますよね。

仮に先輩が同じような内容を文章として残しているのなら、「ただなぞっただけ」になってしまいます。

だから、この言葉を聞いて自分はどう思ったのかをちゃんと書くことが大切なんです。

そうすることで、ようやく「自分だけの文章」になります。

〝先輩は、「80％は興味のあることをやって、20％は好きなことをやるといいよ」と言っていた。

これにはハッとした。

わたしはアニメや漫画が好きなので、エンタメ領域のライターをやりたいと思いつつ、他にもやりたい人が山ほどいるので単価はあまり高くないのがリアルだ。

好きなことなのに、それで儲けようとするから苦しくなる。財務状況を圧迫して嫌になってしまう。

それよりは、20%を思い切り好きなことに当てればいい……と考えると少し気持ちがラクになった。〟


どうでしょうか。先輩からの言葉を受けて、自分の状況と照らし合わせて感想を述べた結果、「自分だけの文章」になっていませんか？

こうして、「会話で聞いたこと」に対して「自分なりの感想」を持てるようになっていくと、言葉をそのまま受けとるのではなく、自分と重ねて考えを深められるようになり、聞いたことが何十倍もの価値あるものになっていくのです。

わたしも、あらためてこの文章を読んでみると、「当時の自分はそんなことで悩んでいたのだな」と、思い出すことができました。

言葉は、受けとるだけでは、それ以上でも、それ以下でもありません。「だから、どうしたん？」というところまで踏み込んで考えてみると、「聞いた話」でも「自分のもの」にできるようになります。

まとめ
matome

聞いた話をシェアするときは、ただの情報伝達にならないように、「自分の感想」を入れよう。

ぜんぶ「バカ正直」に書く必要はない

「誰かから聞いた話を書いて公開しちゃおう！」

そう言うと決まって返って来るのが「でも話してくれた人に迷惑をかけたらどうしよう」「個人を特定されたらどうしよう」などの言葉です。

書いた内容から、自分や相手が特定されてしまうのではないかと、心配したくなりますよね。

ここで、インタビューライターならではのテクニックをお伝えします。

それは、

「ぜんぶバカ正直に書かない」ことです。

よくインタビュー記事は、取材相手から聞いた話をそのままストレートに書いているように思われます。

ですが、それでは「書き起こし」と呼ばれる、音声を文字に起こしただけの状態です。

実際には、「脚色」「言い換え」「順番換え」などの「創作」や「編集」がガッツリと入っています。

たとえば、インタビュー相手のAさんが「Bさんは頭が悪い」と悪口を言っていたとします。

それがインタビューの本筋とズレているようならカットしますし、必要な箇所なら「Bさんはちょっと抜けている」というように、ふんわりとマイルドな言葉に言い換えます。

あるいは、べつに「Bさん」という個人名を出す必要性がないのなら、「友人」「知り合い」「後輩」という言葉に言い換えてもいいと思います。

時期もそうで、「2023年の3月3日に〜」とわざわざ書かなくても、「春ごろに」とか「先日」とか、いくらだって言い換えることができます。

現に、この書籍内でも散々「先輩」や「友人」などの例を出していますが、わたしの交友関係をよく知らないかぎりは「〇〇さんのことだな」と特定するのは難しいと思います。

特定されたところで困るような内容は書いてませんが、特定してもらう必要もないので、あえてボカして書いているのです。

「本当に伝えたい核となる情報」さえ伝わればよいので、周辺情報にはボカし

にボカしを入れていいんです。

ちなみに、たまに「M・Sさんが〜」と、イニシャルでボカしている人もいますが、そこであえて「M・S」と表記する理由ってなんなんだろうと思います。「友人」でも「Aさん」でもいいはずなのに、もはや特定待ちなのでは？

とにかく、わたしがいつも思うのは、「なぜ正直に、すべてを書こうとするのか？」ということです。

大事なメッセージさえわかれば、ぜんぶバカ正直に書かんでよろしい。

もし、不安に感じるようであれば、「この前聞いたことをSNSに投稿したいんだけど、書いてもいい？」と確認をとってみてもいいと思います。

わたしも、会話の最中に「この話、すごく面白いからSNSに書いてもいい？」と相手に聞くこともあります。

いまのところ、「ダメ！」と言われたことはありません。

ただ、相手が明らかに発言していないことを書いたり、批判したりするのはNGです。

反対意見を書きたいときは、会話と同様、「もちろん、そういう意見もあると思う。でもわたしの場合は……」というように、一度受け止めてから自分の感想を書いていきましょう。

第3章で「まずは肯定する」とお伝えしましたが、これをぜひ、書くときも思い出してください。最後まで相手へのリスペクトを忘れずに!

まとめ
matome

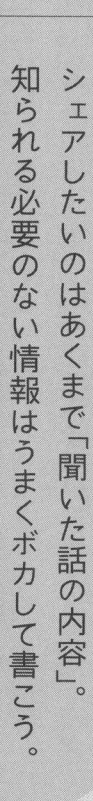

シェアしたいのはあくまで「聞いた話の内容」。知られる必要のない情報はうまくボカして書こう。

自分の「新発見」は誰かにとっても「新発見」

ここまで、「聞いたこと」を書いてみようと、お伝えしてきました。

そのなかで、もう一歩踏み込んで書いてみてほしいことがあります。

まず、「悩みごととアドバイス」です。

たとえば、誰かの相談に応えるような番組やＳＮＳで、

「転職をしたいけど、ひとつの会社を1年未満で辞めていいのか不安」

「職場に好きな人がいるけど、アプローチのしかたがわからない」

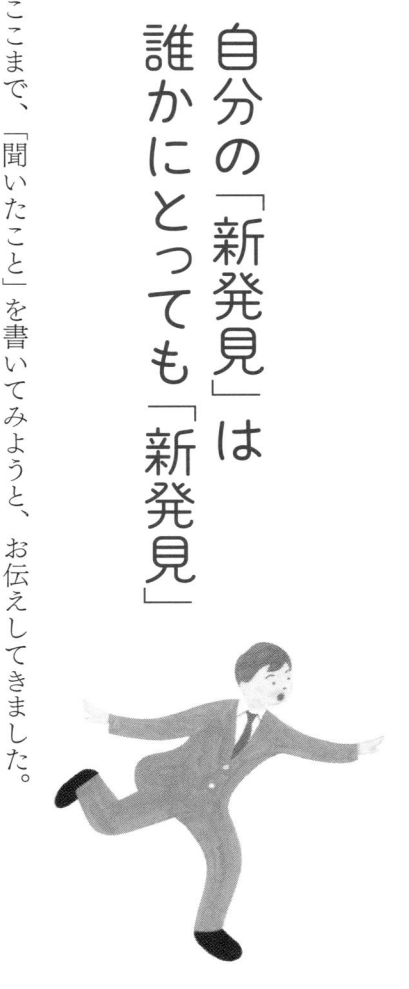

など、自分と同じような悩みを抱えている人が相談していたら、食い入るように観てしまうはず。相手の状況を自分と重ねて、参考にしたいからです。

だからもし、自分が誰かに相談を持ちかけたのなら、その悩みごとと、相手からもらったアドバイスを書いておくといいと思います。

次に、「あるある話」です。

「類似性の法則」によると、人は自分と同じようなことを考えていたり、似たような状況にいる人を見つけると、親近感を抱きます。

「わかる！　わたしも同じ！」と、共感したいし、共感されたいのです。

以前、知り合いから「ＨＳＰ（ハイリー・センシティブ・パーソン）」という、刺激を受けやすい人の話を聞きました。

あまりに自分に当てはまりすぎて驚いたわたしは、それを文章にしてみたところ、「わたしも同じ！」という声をたくさんいただきました。

話を聞いていて、「わかる！」「同じ！」と感じたことは、誰かにとっても共感できる話だと思います。ぜひ、書いてみるといいかもしれません。

最後に、「新発見やお得な情報」です。

「自分的にはタメになったけど、この話をシェアしたところでなぁ」と思うこともあるかもしれません。でも、

あなたにとって新発見は、誰かにとっても新発見。

最近、ブラック企業に務めている友人と「働くとは一体なんなのか」という話をしたところ、「会社で働く」というのは「〝お金と経験値と環境を提供するから社長の右腕となって事業を伸ばしてね〟と同義」という結論が出ました。

会社に「雇っていただく」という認識で就活していたわたしにとっては、こ

れは大発見でした。

考えてみれば、こちらもお金と引き換えに時間と力を提供しているのであり、対等な関係性なんですね。

そうなると、つまりブラック企業は社員に対して、「少ないお金と経験値と劣悪な環境を提供するけど、代わりに時間と健康をもらっていくね！」と言っているのと同じです。

だから、会社で働くのは、対等な関係があってこそ。

そんな話を書いたところ、大きな反響がありました。

これらを踏まえて、思ったことがあります。それは、人が感じることって、

そんなに大差がないのでは？

ということです。わたしは話すのが苦手ですが、「こんなにうまく喋れないのは、わたしだけなんじゃないか」と思っていたことがありました。

自分の身近に「自分のような人」がいないと、自分だけがその状況に陥っているように考えてしまいがちです。

でも、「わたしだけなんじゃないか」と思うことって、大抵「わたしだけなんかじゃない」んですよね。

この本では「おそろしいほど他人に興味がない」「会話が途切れたときの〝シーン〟が怖い」と書いていますが、これはわたしの主観です。この世にどれだけ同じことを思っている人がいるのかは、ぶっちゃけわかりません。

実際、「おそろしいほど他人に興味がない」と友人に話したときに、「えっ！わたしはすごく興味あるけどな」と言われて、「自分は異常なんだ……」と思ったこともあります。

でも反対に、「おそろしいほど他人に興味がないんですよね」とこぼしたところ、編集者さんに「めちゃくちゃわかります！」と共感されて生まれたのがこの本です。

「この世で、自分だけ！」ということってほとんどない。

だからこそ、「こんなショボいことでいいのかな？」と思ったとしても、それを聞いた自分の共感や発見につながった言葉であれば、勇気をもって書いてみてください。

まとめ
matome

この世界に「わたしだけ」なんてことはない。あなたの「新発見」は必ず誰かの役に立てる。

「書く」ことで「聞く」が身につく

最後に、「書き方がまったくわからない！」という人に向けて、わたしがよく使っている簡単な「型」を紹介したいと思います。

基本的な構成は、「相手の発言（聞いた内容）」「それを受けての感想」「まとめ」です。

「以前、〇〇さんとお話をしたとき、こんなことを聞いた」
「最近、友人から面白い話を聞いたので、今日はそれについて書きたいと思う」

「『理想を描くと、そこに寄せられていくよね』。これは、尊敬している人から受け取った言葉のひとつだ」

など、書き方はいろいろありますが、要するに「誰がなにを言ったのか」をまずは伝えます。

もちろん必要であれば、「いつ」「どこで」を加えてもいいと思います。

次に、その発言を受けて、自分がどう思ったのかを書いていきます。

〝この「理想を描く」というのは、意識しないと忘れてしまう。わたしもすっかり忘れていた。ここのところ、本当に忙しかったから。理想を描くのを忘れると、気づいたら理想とはズレたことをやってしまいがちである。

わたしは「無理なく程よく働く」「将来、なにがあってもおうちでも働ける環境」が理想のはずなのに、先月は全然うまくできなくて、結果的に家から往復3時間かけて都内に出る日々が続いている。控えめに言って大変だ。心地よくはない。

このままでは、わたしは延々とストレスフルな仕事をやりつづけることになってしまう。〟

自分が現在置かれている状況と照らし合わせたり、発言を受けて思い出したことを書いてみたり。

その発言のなにが自分に刺さったのかを説明してみるといいと思います。

最後に、この発言を受けたうえでのまとめを書きます。

〝そんなわけで、明日の行動指針を決めるためにも、定期的に理想を思い描くのは大切なのだよ、というお話。1日1日が未来をつくる。

時は金なりなので〟。

まとめの部分でわたしは、「こんな話でした」と発言の内容をふたたび要約したり、「自分の行動を変えてみようと思った」と未来を示唆してみたりすることが多いです。

また、もしタイトルをつけるのなら、せっかくなら読んでもらえる工夫をしたいところ。

たとえば、ポエムみたいに「あきらめたくない。」「ちょっとずつ。」みたいなタイトルを付けても、第三者にしたら「なんじゃこれ」です。

「友人から聞いた話」「職場で先輩にもらった言葉」だけでも「なんじゃこれ」です。

キャリアについて先輩に聞いたのなら、

『「フリーランスのキャリアの描き方」を先輩に相談してみた』

人に好かれるコツを聞いたのなら、

『「仕事は普通だけど人望のある人」の正体について』

「理想を描くと、そこに寄せられていくよね」という話を聞いたのなら、

『無理難題でも「定期的に理想を思い描く」のはなぜ大切なのか』

というように、「この文章にはなにが書かれているのか」を、タイトルでわかりやすく具体的に示してあげましょう。

届けるうえで大切なのは、第三者にわかるように書くことです。

より詳しい書き方に関しては、前著である『書く習慣』を読んでいただけま

すと幸いです！

さて、なぜこの章であえて「書くこと」の話をしたかというと、

「書く習慣」と「聞く習慣」はセットだからです。

わたしは、「インプット」は「アウトプット」をして初めて身になると感じています。

どんなに素敵な話を聞いても、自分のなかに留めておくだけでは、本質的には自分のものにはなりません。

でも、人から聞いた話を言葉にしておくことで、自分のなかにより沁み込んでいき、いろいろな人に読まれていく。

そうすると、もっとインプット（聞くこと）が楽しくなり、より人の話に耳

を傾けられるようになると思っています。

だからこそ、「聞く習慣」と「書く習慣」は、ぜひセットで身につけてほしいのです。

まとめ

matome

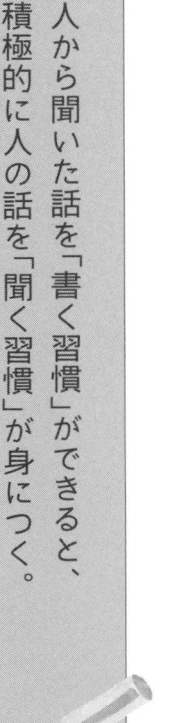

人から聞いた話を「書く習慣」ができると、積極的に人の話を「聞く習慣」が身につく。

第 6 章

「聞く」ことが与えてくれるもの

What you can gain from Listening

誰かの話を聞くだけで「自己肯定感」が上がる

いよいよ、最後の章です。

少しは、会話への苦手意識がなくなってきたでしょうか？

もちろん、この本を読んでも、すぐに会話がうまくなるわけではないかもしれません。

「実際にやってみたけど、やっぱりうまくいかなかった……」と、また会話が怖くなって、逃げたくなるかも。

でも、わたしはそれを乗り越えてでも、やっぱり「聞く」ことができてよかったなと思うことが多々あります。

そこで最後に、わたしが「聞く」ことによってどう救われてきたのかを例に、「聞く」がもたらしてくれるものをお伝えさせてください。

まず、「聞く」によって得られることのひとつに、「自己肯定感」があると感じています。

自己肯定感とは、「自分を受け入れられる感覚」といった意味ですが、それを持つのって、すごく難しいことのように感じますよね。

その低さに悩んでいる人も多く、わたしも、そのひとりです。

人ともうまく関われないなかで、「わたしなんて……」とネガティブに陥ることは少なくありませんでした。

でも「聞く習慣」があれば、誰かの話を聞いてあげることで、「わたしも誰かの役に立てているんだな」と実感して、自分を肯定できます。

世の中には「お悩み相談コンテンツ」がたくさんあります。

それらを見たり聞いたりしていると、「わざわざ時間を割いて、いろんな人の悩みに答えていてすごいなぁ」と思うこともあります。

ですが、いざ自分が悩みを相談される立場になって、「わざわざ悩みに答える理由」に気づいたんです。話を聞いて、誰かの悩みに答えることって、

自分も自己肯定感が上がるんです。

わたしも、自分の持てるかぎりの知見で相談にのっていますが、的確なアドバイスができなかろうが、結論が出なかろうが、多くの人は「自分の話を聞いてもらえた」だけで満足してくれます。

だから、必ずと言っていいほど「聞いてくれてありがとう」と感謝をしてくれるんですね。

「ありがとう」って日常的に使う言葉なので、聞き慣れている人も多いかもしれませんが、人から感謝されるってすごいことです。

「誰かに喜んでもらえるのが生き甲斐」という人も多いでしょう。

「誰かの役に立てた」「誰かに感謝された」と感じられると、自己肯定感は上がります。

その方法のひとつとして、人の話を「聞くこと」はとてもハードルが低い。

自己肯定感が低い人こそ、自分のためにも「聞く習慣」を磨いて、どんどん人の役に立っている感覚を得てほしいと思います。

まとめ
matome

誰かの話を聞いてあげるだけで、役に立てているという「自己肯定感」を得られる。

なにもしなくても「聞く」だけで人に好かれていく

純粋な知能指数を指す「ＩＱ（Intelligence Quotient）」という言葉と並んで、心の知能指数を指す「ＥＱ（Emotional Intelligence Quotient）」という言葉が存在します。

これは他人の感情を感じ取ることができたり、自分の感情をうまくコントロールできたりする能力を指します。

以前、とある経営者の方に取材させていただいたとき、その人は「ＥＱが高い人とコミュニケーションしていると気持ちいい」と仰っていました。

よくわからないけど、好感を持ってしまう人。一緒にいて心地いい人。

ＥＱが高い人には、そんな特徴があるようです。

この「ＥＱ」というのは、後天的に高めることが可能なのだそうです。わたしはこの「ＥＱ」、「聞く力」を鍛えれば上がるのではないかと思っています。

というのも、その取材終わりに、ただのお世辞かもしれませんが、「いしかわさんは、ＥＱが高くてよかったですね！」と言われたんです。

取材中の1時間、わたしがしていたのは、ただ話を聞いていただけです。ほんの少し話をしただけで、「この人はＥＱが高いぞ」と判断されたのだとすれば、その判断材料となるものは、「人の話を聞く姿勢」だったのではないかと思います。

実際に、わたしが取材を受けたりするときも、「この人、好きだな。話しやすいな」と感じる人もいれば、「ちょっと、とっつきにくいな……」と感じる人もいます。

どうしてそう感じたのか。

考えてみると、見た目の好みで好き嫌いが生まれているわけではなく、やっぱり好感をもった人たちは、

人柄が「聞く姿勢」にすべて表れていた。

そんな気がしました。

興味がなさそうに首をかしげていたり、相槌が投げやりだったり、矢継ぎ早に質問をされたりすると、その人にはあまりいい印象を抱かないのです。

お伝えしてきたとおり、聞くことには細やかな心配りが求められます。

相手の話に呼応するようにリアクションしたり、相手が話したい話題を察知

して話を振ったり、共感や驚きを身体全体で表現したり。

こういった「聞く」を鍛えることで、おのずと「ＥＱ」も高まり、自然と人に好かれるようになっていくのです。

「人に好かれる」というのは、とても難しいことです。

なにをもってして「この人のこと、好きかも！」と思うかは人それぞれですし、相手の好みに合わせて自分を変えるのもなかなかめんどくさい……。

好かれようともがくほどに、自分をすり減らしていきます。

わたしも、「誰にも嫌われたくない」と思って、「いい子」を演じてみたり、やさしくしようと心がけたり、**他人の物差しで生きていた**こともあります。

でも、「自分を受け入れてもらう」ように頑張るのではなく、「聞く」ことで**相手を受け入れる**ようになったら、背伸びをしたり偽ったりしなくても、自然と人との距離が縮まりました。

「自分の話を真摯に聞いてくれる人」のことが嫌いという人は、あまりいません。

そう考えると、「聞くだけで好かれる」ってとてもコスパがいい。

そう思う、今日のこのごろです。

まとめ

matome

自分を受け入れてもらおうと頑張らなくても、相手の話を丁寧に聞いてあげると好感度は上がる。

自分と次元が異なる人とも話せるようになる

もともとわたしは「先輩」「上司」という生き物が苦手でした。先輩や上司は、自分よりも長い年月を生きていて、自分よりも知っていることが多い存在です。

だからこそ、とんでもなく面白いエピソードを持っていたり、博識であったりする場合をのぞいて、話すこと自体が失礼に値するんじゃないかと思っていました。

要するに「つまんねーやつ」だと思われるんじゃないかと怯えて、いつも遠巻きに眺めていました。

たしかに、議論をするなど、同等の立場でコミュニケーションをとるうえでは、相手と同等の知識や経験が求められることもあるかと思います。

でも、「教えてもらう」「聞く」というスタンスを取れば、「経験が浅い」「知らない」こともまた、武器になるのです。

「経験が浅い」から聞けること。

「知らない」から知りたいこと。

たくさんあるかと思います。

それに相手も、「知らないことを教えてあげる」のは気持ちがいいはずです。

つまり「聞く」という行為には、自分と異なる年代の人とも会話ができるようになる、そんな、

「境界を越える」力があるのです。

逆に、いろいろと知りすぎてしまったいまでは、「強制リセット」をかけて、知識をまっさらに戻したいと思うぐらいです。

知らないことを恥だと思わずに、相手を通じて知っていきましょう。

まとめ
matome

「知らないこと」を聞くことは、知識や経験など、自分と異なる人との境界を飛び越える武器になる。

本にもネットにもない「自分だけの情報」が得られる

インタビューライターになって感じたのは、記事として世に放たれるものは、その人が発した言葉のすべてではないということです。

聞いた話を記事にまとめる際は、粗雑な言葉や、記事内に入れるには瑣末な雑談、記事のテーマから逸れる話などはカットすることが少なくありません。

要するに、編集しているのです。

でも、そんなこぼれ話に、面白い情報が含まれていることもあります。

そういった話を直接聞けるのは、話を聞いた人だけの特権です。

人々のおもな情報源が井戸端会議や社交場だった昔に比べて、いまはインターネットを通じて誰でも情報を得ることができます。

情報格差がなくなったことは、いいことでもある。

でも一方で、そこにあるのは「誰でも知ることができる情報」であり、「みんな同じようなことしか知らない」のがいまの世の中だなと思います。

インフルエンサーが勧める映画を観て、ランキング1位のビジネス書を読んで、SNSでバズった化粧品を買う。

「ネットの情報を通じて得られるもの」は「みんなが得られるもの」だけど、

でも、会話は誰にもなぞれない。

ネットで見た本や化粧品は誰でも買うことができるけど、わたしが誰かとした「会話」のなかで得られた情報は、わたしとその人だけのものです。

「オススメのランキング」のように一般化された情報じゃなくて、その人が**自分のためにシェアしてくれる情報**は、なによりも貴重なものです。

わたしの友人には、マニアックな漫画好きの人がいます。その人が「あなたが好きそうだから」と教えてくれる漫画たちは、マニアックすぎてどのランキングにも載っていませんが、すべてわたし好みで面白い漫画ばかりです。

そうやって**「自分に合った」情報に出会えるのもリアルな会話ならでは。**

わたしがフリーランスのライターとして発信しているさまざまな情報も、それらがすべての人に当てはまるとは思いません。

「文章がうまくなりたい」という人に向けて「こういう本を読むのがオススメ！」と記事を書くことはできるけど、実際に文章を見せてもらったほうが、より具体的なアドバイスをすることができます。

「あなたの場合だったら、こうしたほうがいい」というのは、直接聞いてもらえるからこそ、伝えられることです。

本当に大切なことは、一般化して伝えることができないんです。

インターネットが蔓延る時代だからこそ、リアルな「会話」で得られるものはなによりも希少です。

どこにもない、誰でも得られるわけじゃない情報を直接得る体験は、「聞ける」からこそだと思います。

まとめ
matome

ネット上にあるのは「不特定多数」に向けた情報。
「あなただけの情報」は会話しないと得られない。

「うまく話せない」ことをカモフラージュできる

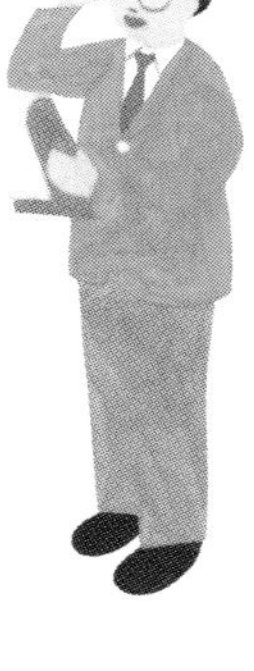

わたしは、自分について話すのがあまり得意ではないです。

考えや想いを言語化するのに少し時間がかかります。

それはいまも変わらない性質です。

でも、自分にボールがまわってきたとき、考え込んだり悩んだりする前に、「聞く」ことですばやく切り上げて、相手にボールを渡す。

これによって、自分の口下手をカバーできるようになりました。

これを実感できたのは、マッチングアプリで初対面の人と話したときです。

マッチングアプリ自体は、数年前に一度やっていたことがあるのですが、このときは自分に劣等感が募るばかりでした。

絶望的に話が盛り上がらなかったのです。

それをわたしは、「相性が悪いから」だと思っていました。

でもおそらく、「聞く力」が足りていなかったのだと思います。

なぜなら、最近久しぶりにマッチングアプリをやってみると、どんな人がやってこようが、うまく対応できて楽しめている自分がいたからです。

どんな人にも、面白い趣味があって、過去があって、その人を形作っている。

それを深掘っていくのが楽しかったのです。

会話が盛り上がらなくて劣等感が募っていた数年前、同じようにアプリをやっていた聞き上手な友人が、「変わっている人もたくさんいるし、タイプじゃない人もいるけど、それはそれで楽しいよ！」と言っていた意味が、ようやくわかりました。

結果的に、どの人とも平均3時間ぐらいは一緒に時間を過ごせていたと思います。そうです、

こんなに「口下手」なわたしが、です！

なかでも嬉しかったのは、普段は聞き手にまわっているという人から「こんなに自分のことを話したのは初めて！」と言われたことでした。

そのときは、わたしは自分のことをほとんど話さなかったので、その相手は帰りの電車のなかで「すごく楽しかったけど、そういえば相手のことをなにも聞けなかったぞ……」と気づいたそうです。

わたしとしては、自分から話さなくても、話を聞いているだけで相手が勝手に話してくれるので、「なんてラクなんだ〜」と思って過ごしていました。

意識をしていたのは、「ボールを長く持たない」、ただそれだけです。

毎回それなりに緊張はしていましたが、おそらく自分の「口下手」はバレないままやり過ごせたと思います。

「口下手」はそうすぐに改善できるものではないけど、「聞くこと」ならすぐに実践できます。

マッチングアプリはあくまで一例ですが、「ここまで相手の反応が変わるんだな」と驚いた出来事でした。

まとめ
matome

「聞くこと」は、「口下手」の人が誰とでも会話を楽しめるようになるためにすぐに実践できること。

「井の中の蛙」を抜け出して大きな世界に行ける

わたしはいま、好きな仕事をして生きていますが、これまでの人生を振り返ってみると、「井の中の蛙」もしくは「机上の空論」状態が随分と長かったように感じます。

就職活動のとき、まわりの人は先輩に話を聞いたり、OB訪問をしたりして情報を集めているなかで、わたしはその波に乗れず、インターネットや本にある情報だけを頼りに会社を探し、「面接での受け答えQ&A」を鵜呑みにして対策していました。

会社に入ってからもそうです。すべてを「自分の力で」こなそうとしていたので、うまいやり方を見つけられずに、営業先でも失敗してばかり。
結局、先輩に相談することもなく、ひとりで転職を決めました。

「会社員」以外の働き方を知ったのは、とあるコミュニティに入ってからです。そこには、現役でフリーランスとして働いている人がたくさんいたので、生の話を直接聞くことができました。

初めて「言葉のシャワー」を浴びるという経験をしました。
それまでにインターネットや本で得た情報は、どこかフワフワとして現実味がなく、「本当に実現可能なのかな？」「これは自分に当てはまるのかな？」と、どこか疑ってかかるような目で見ていました。

でも実際にフリーランスとして働く人から話を聞いていると、「すべてが本当のことなんだ」と実感できました。
「わたしに当てはまる」前提で話をしてくれたのが、新鮮な体験だったのです。

思えば就職活動のときも、わたしは人と関わることを避けて、誰でも手に入れられるような情報だけを見て、「万人がやっていること」をなぞろうとしていました。

でも、先輩やOBに話を聞いたほうが、「あなたの場合はこうしたほうがいいんじゃない？」と、自分に合った情報を教えてもらえたような気がします。

結局、誰にもなにも聞かずに生きていると、情報をうまく取ることができずに、「井の中の蛙」「机上の空論」の範疇を抜け出せず、

限られた小さな世界で生きていくことになる。

コミュニティに入ってからの1年間、わたしは、とにかくいろんな人に話を

聞いて、聞いた話を文章として残しておきました。

その、生の情報のインプットとアウトプットの繰り返しは、わたしを大きく成長させてくれました。たった1年足らずで、そこから得た知見をもとに、わたしはフリーランスになったのです。

いまでも「いろんなことを知っているね」と言われるのは、書籍やインターネットを随時チェックしている他に、わたしがつねにいろんな人と会話をして、吸収できているおかげだと思っています。

あのとき、「聞く」ことの価値に気づけて良かったと心から思っています。

まとめ
matome

「自分から求めた情報」だけで見える視界は狭い。いろいろな人の話を聞くことで、世界は広がる。

「人の気持ち」がわかるようになる

「あんなに本を読ませてきたのに、なんでアンタは人の気持ちがわからないんだろうね」


わたしは苦手なことが本当に多いので、学生時代は母にいろんなことを怒られてきました。

やれだらしないとか、やれ何度言っても同じことを失敗するとか。

それはもう数え切れないほど。

そのなかでも、いまだに忘れられないのがこの言葉でした。

「このとき、主人公はどんな気持ちでしたか？」という国語の読解問題ではいつも◯をもらっていたので、自分が「人の気持ちがわからない」人間だなんて、思いもしませんでした。

「あぁ、だから自分は人の輪のなかに入れないのか」と、腑に落ちた記憶があります。

人の気持ちがわからないから、変な発言をして相手を困らせたり、うまくコミュニケーションが取れないいんだな、と。

でも、インタビューライターになってから気づきました。

わたしは相手をちゃんと見ていなかったんです。

本は、文字だけですべてを伝えなくてはいけません。

だから「暗い顔をした」「表情が明るくなった」「弾むような声で言った」など、

その人の一挙一動が書かれていることがほとんどです。でも、

目の前にいる人の感情は文字で現れてくれない。

対話している相手は、「いま、わたしは暗い顔をしています」「これは弾むような声です」なんて説明してくれるわけではありません。

「つらかった体験を明るく話しているけど、心には大きな傷がある」
「聞かれたことには答えているけど、心は別のことを考えている」

など、目で見えていることと心のうちが大きく異なることもあります。人の本当の気持ちを推しはかるためには、とにかく相手の表情や声、反応を観察するしかない。そう気づけました。

それまでのわたしは「見る」ことをせずに「眺めて」いるだけだったから、相手がどんな気持ちなのか、なにを考えているのかがわからなかったんです。

聞くことは、観察することでもあります。

だから、ただ音を耳のなかに入れるのではなく、相手の話をよく「聞いて」みよう。そうすれば、相手の心を読み解くことができるかもしれない。

「人の気持ちがわからない」という人こそ、「聞く」ことから、人間関係を、そして新しい自分を、切り開いていってほしいなと思います。

まとめ
matome

「聞く」という能動的な意識を持つことで、他人の感情を丁寧に読み解けるようになる。

おわりに

「聞く」ことで知り得たもの、見つけられたこと

最後に、正直な話をちょっとだけ。

ここまでさんざん「対話しろ」「人の話を聞け」と言ってきたうえで恐縮ですが、わたしは圧倒的に「書く」ほうが好きな人間です。

「書く」は最高のひとり遊びです。

相手がいなくたって、誰とも関わらなくたって、楽しめます。

でも、そんな内弁慶なわたしに、「人と関わるのも悪くないよ」と教えてく

れたのが「聞く」ことでした。

誰とも話さず、黙々と書くことに打ち込むためにライターになったのに、気づけば人と対話して話を引き出すインタビューライターになっていて、「こんなはずじゃなかったのにな」と思ったこともありました。

でも、「聞き手」になって初めて真剣に人の話を聞いてみたら、意外とみんなそれぞれに引き出しがあった。

そして、それを引っ張ってみたら面白いところが次々に出てきたんです。

「話を聞かせてくれた人たち」の話は、どれも興味深いものでした。

ニュースになっているわけでも、本になっているわけでも、インターネット上にあるわけでもない。この人たちの言葉を浴びられるのは、わたしが「聞いているから」なんだ、という事実に胸が震えました。

それはまるで、自分だけのために作られた特別なラジオやオーディオブックを聴いているような感覚でした。

人は、自分が考えていることをすべてどこかに残してくれるわけではありません。

どんなに面白い人がいたとしても、その人がどこかに言葉を残さなければ、それは「話を聞いた人」しか知り得ないことです。

そんな特別な世界を知ったことで、わたしの日常に「聞いた話」が登場する頻度が増えました。

「聞いた話」から着想して考えることが増えたり、「聞いた話」を言葉にして発信したり、「聞いた話」をまた誰かに話したり。

自分が聞きさえすれば、相手は自分のために答えてくれる。

その感覚がおもしろくて、気づけば仕事以外でも進んで「話を聞く」ようになっていきました。

いまだに人と関わるのはそんなに得意ではないし、基本的には大して興味がないことに変わりはありません。人の話を聞けなかったとしても、それなりに楽しく生きていけるとは思います。

でも、「聞ける」ことで、人間関係の悩みが減りました。
「この人のこと、嫌いじゃないかも」と思える人が増えました。
人の話を受け止められる自分のことが、少し好きになりました。
聞けるだけで、ちょっぴり生きやすくなりました。

この本では、「そもそも人に興味がない」「興味がないのに聞きたいことがあるわけない」と思っていたわたしが、インタビューライターという仕事を通じて「聞けるようになった」ことから、「聞くコツ」を紐解いてみました。

長かったコロナ禍が明けて、これからどんどんリアルで人と会う機会が増えていくと思います。

そんなときに「聞くこと」を恐れずにいられたら。

なにも話すネタがなくても、相変わらず面白いことが言えなくても、久しぶりの「対面」を怖がらずにいられるはずです。

願わくば、昔の自分のような人のもとに、この本が届いていたら嬉しいです。

ご感想などがあれば、ぜひ「#聞く習慣」を付けて「@milkprincess17」宛にツイートしてください！

その言葉、かならず聞きに行きます！

巻末は本の後ろから
読んでね

会話したい気持ちを「大切にする」コツ

人と関わるうちに、「やっぱり人間関係はめんどくさい」と思うかもしれない。それでも人と関わりつづけることを大切にする、7つのコツ。

自分も自己肯定感が上がるんです。

人の話を聞いてあげることは、誰でもなく自分のためになる。有益なアドバイスができなくても、「聞いてくれてありがとう」の言葉で「自己肯定感」を得られる。

人柄が「聞く姿勢」にすべて表れていた。

相手の話に真剣に耳を傾け、真摯に向き合う姿勢は、必ずや好感を与える。人に好かれたいなら、自分を受け入れてもらうより、相手を受け入れる意識をしよう。

「境界を超える」力があるのです。

年上や熟練者と対等の立場で話そうとしなくていい。知らないことを「聞く」姿勢が、知識や経験の壁という境界を超えてコミュニケーションできる武器になる。

でも、会話は誰にもなぞれない。

ネットにある情報は、誰もがアクセスできる。そこに「あなたのため」の情報はない。「自分にあった情報」は、目の前にいる相手だけが授けてくれるものだ。

こんなに「口下手」なわたしが、です！

想いを言葉にするのが苦手なら、無理に頑張らなくていい。「聞く」を意識すれば、口下手な人でも会話を楽しめる。ボロが出る前に、ボールを相手に手渡そう。

限られた小さな世界で生きていくことになる。

自分から探しにいける情報は、自分の殻を破ってはくれない。異なる価値観や世代など、さまざまな人から話を聞くことで、自分の世界が広がっていく。

目の前にいる人の感情は文字で現れてくれない。

人の感情は相手をしっかり見ないとわからない。「聞く」意識を持つことで、表面的に眺めるのではなく、心の内面にまで迫って「見る」ことができるようになる。

会話が「習慣になる」コツ

人から聞いた話は、「書いて」伝えることで、さらに価値が生まれる。
会話で聞いたことを発信する、7つのコツ。

会話の「最後」の印象を塗り替えられるんです。

「うまく話せなかった」と感じたら、あとから文章にして補足すれば、会話の印象を変えられる。会話が苦手な人こそ、「文字」を強い味方にして活用していこう。

未来のために残しておくのか。

人から聞いたためになる話を、忘れてしまったらもったいない。文字にしておけば、それを読み返した「未来の自分」の役に立てる。自分のために書いておこう。

「投稿」というボタンを押すだけです。

ためになった話を文章にしたら、他の人にもシェアしてあげよう。話してくれた人、それを読んだ人、そして自分にもプラスになる最強のコミュニケーションだ。

「だからこう思った」という自分の主観です。

人から聞いた話をそのまま書いてシェアしても、ただの伝書鳩だ。それを聞いて「自分がどう思ったか」もセットにして伝えれば、あなただけの文章になる。

「ぜんぶバカ正直に書かない」ことです。

人から聞いた話をシェアする際、特定されるような情報まで書く必要はない。要点以外は適当にボカそう。それでも気になるなら、発言者に許可をとると安心。

あなたにとって新発見は、誰かにとっても新発見。

この世の中に「あなただけ」なんてことはない。あなたが得た「助言」「共感」「発見」は、きっと誰かにとっても価値がある。だから悩まずに、シェアしよう。

「書く習慣」と「聞く習慣」はセットだからです。

「書くために聞く」「聞くから書ける」。「聞く」と「書く」はまさに「インプット」と「アウトプット」であり、セットで身につけることで相乗効果を得られる。

会話が「怖くなくなる」コツ

避けるべき「地雷」さえ知っておけば、もっとリラックスして会話できる。
会話の落とし穴を避ける、7つのコツ。

「ちなみにこれって、アドバイスとかいる……？」

求められていないアドバイスはありがた迷惑にしかならない。自分が気持ちよくなるための「クソバイス」はやめて、「意見がほしい」と言われたら答えればいい。

知らないことは「知らない！」と言おう。

「話の腰を折りたくない」からと、知ったかぶりをしても、会話はギクシャクするだけ。知らないことは素直に伝えて、「教えてほしい！」とお願いしよう。

「相手のターン」を与えてあげましょう。

インタビューや会話は「事前に得た情報を披露する場」ではない。相手が持つ情報を知っていても、きっかけとして話題を振り、「相手が話すターン」をあげよう。

「考える」のに必要な時間は人それぞれ違うもの。

「沈黙」は相手が考えをまとめるために必要な時間。矢継ぎ早に質問して、間を埋めてはいけない。相手が答えづらそうだったら、「たとえ」の助け舟を出そう。

「相手の反応」をよく観察することです。

「避けたい話題」は人によるので、あてにしすぎてはいけない。それよりも、相手の表情や態度を敏感に察知して、「地雷」を踏む前に話を切り上げよう。

「自分の話をしたら負けだ！」とは思わないで。

誰かと仲良くなるには、「相互の理解」が必要。聞き役でいることに意固地にならないで、自分のことも開示しよう。すると相手ももっと話してくれるようになる。

あくまで自分は参戦しないスタンスでいること。

愚痴や批判といったネガティブな話題を聞いてあげることも大事だけど、けっして「共犯」にはならないように。嫌気がさしたら「行動」で強制終了させよう。

リズムが異なる人とはうまくまわらないんです。

疲れている人にたくさん球を投げても、相手は打ち返せない。逆に、イキイキした人にゆっくり投げても、肩透かしに。お互いの呼吸を合わせることが大事だ。

感情でバリエーションをつけています。

相槌のパターンをたくさん覚えていても、与える印象が同じなら意味はない。パターンは3つくらいでいいので、感情の乗せ方の違いでバリエーションをだそう。

「そうなんだ、大変だね」という肯定です。

なにを聞いても、最初のリアクションでは「肯定」する。相手の「話したい欲」を削がないように。意見があるなら、いったん聞き終わってから伝えよう。

「次に自分がなにを話すか」を考えておくこと。

相槌だけでは会話はつづかない。話を聞いているあいだは、「接続詞」を意識して「次になにを聞くか」を考え、会話が途切れたタイミングで投げかけよう。

話題を変えるなんて野暮なことしたらアカン。

相手が乗ってきたら、話題を変えちゃダメ。聞き役に徹しよう。姿勢や口数を観察して、「いまはわたしのターンだ！」と、相手が乗ってきたタイミングを見極めよう。

興味がなくても「興味がある風」に見せろ！

興味を持てない相手でも、それを態度に出すのはダメ。せめて姿勢や表情だけでも、興味がある風を装おう。最悪、とりあえず笑っておけば、相手は満足する。

記憶するのは諦めて、とにかくメモをしよう。

メモは「あなたの話、聞いてますよ」と示すのに最高のツール。自分の話をメモされてイヤな人はいない。スマホでもいいので積極的にメモをとる意識を持とう。

勝手に相談者になってみるんです。

「みんな」のことを考えても聞きたいことが浮かばなかったら、家族や友人などの「知り合い」の興味や悩みを思い出して、代わりに相談してみよう。

「雑な質問」には、「雑な返答」がセットなのです。

相手の「好きなこと」や、「オススメ」を聞くのは定番の質問。でも、ざっくりした雑な聞き方だと相手は答えづらい。ジャンルやポイントを絞って深掘りしよう。

シンプルに「答えづらい」のです。

意図がわからない質問は怖い。「それ聞いて、どうするの？」と思ってしまうし、どう答えていいかもわからない。「なぜ知りたいのか」もセットにして質問しよう。

「仕事（学業）」「人間関係」、そして「お金」のこと。

「仕事（学業）」「人間関係」「お金」など、価値観に関する質問は誰でも話せて、「深い話をしている」と感じられる。ただし理由もなく聞くと不信感を与える。

足を踏み入れるから、面白さが見つかるんです。

アニメや漫画といったコンテンツには、中盤、終盤から面白くなるものもある。人も同じで、深掘りすると面白さが出てくるので、まずは１％でも知る努力を。

会話が「止まらなくなる」コツ

「うまい返し」ができると、相手も楽しくなって、話が止まらなくなる。
会話が転がりつづける、８つのコツ。

しっかり受け止めてから、また投げ返そう。

会話はキャッチボールであり、ノックではない。ひたすら質問を投げつづけるのではなく、相手の言葉をしっかり受け止めてから、次の言葉を投げかけよう。

「流行りもの」は、多くの人との「共通言語」。

「流行りもの」とはつまり、「みんな知っている」もの。個人的には興味がなくとも、知っておくと会話の糸口になる。人気コンテンツは毛嫌いせずに押さえておこう。

緊張している自分を受け止めているからです。

「緊張しちゃいけない」と思うほど、人は緊張する。反対に「緊張してます！」と伝えると、「あ、自分いま緊張してるんだ」と客観視できて、冷静になれる。

どうせ会話するなら、健やかな気分で話したい。

人は他人の「イヤなところ」に目がいくし、記憶にも残りやすい。だから、あえて「良いところ」を探すように意識しよう。そのほうが相手も自分も気持ちいい。

「はじめまして」なのに「はじめまして」じゃない。

オンラインコミュニケーションの時代、初めて会うのが「リアル」とはかぎらない。メールやDMなど、オンラインでの会話で関係性を深めていくのも十分アリ。

会話が「楽しくなる」コツ

インタビュアーになったつもりで話を聞けると、誰とでもラクに話せる。
会話が楽しくなる、7つのコツ。

「読者が知りたそうなこと」です。

誰しも「この人となにを話せばいいんだろう……」と悩む相手はいるもの。そんなときはインタビュアーになったつもりで、読者のための情報を聞き出してみて。

主語を「自分」から「みんな」に変えて考えました。

自分では興味を持てない相手やテーマでも、「みんなはなにが知りたいだろう？」と考えてみると、聞いてみたいことが見つかる。一般大衆に成り代わってみよう。

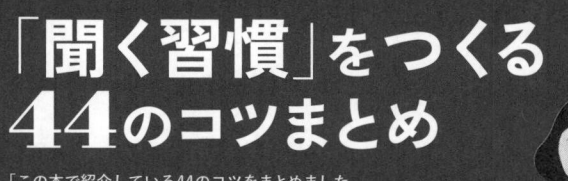

「聞く習慣」をつくる44のコツまとめ

「この本で紹介している44のコツをまとめました。
「習慣」は、身につけばこそ人生を変えるほどの強い力を持ちますが、
そのぶん、簡単に定着することではありません。
なにを聞けばいいかわからなくなったとき、
会話するのがふたたび怖くなったとき、
ふと思い出して、見返してくれると嬉しいです。
きっと、あなたをまた「聞く」ことに向き合わせてくれるはずです。

会話を「してみたくなる」コツ

「聞く」で会話はラクになる。でも、会話しないことにはなにもはじまらない。
会話のハードルを下げる、8つのコツ。

「発表」に近いんじゃないかな。

「話し手」と「聞き手」が複数いる飲み会の場などは、会話の難易度が高い。会話が苦手な人ほど、相手に集中できる「1対1」の場面から慣れていこう。

人は頼られるのが好きだから。

「相談」や「報告」は1対1で会う良い口実になる。べつに自分で解決できることでも、「相談したいんだけど！」と、普段から軽いノリで誘ってみよう。

「この人、めちゃくちゃ調べてくれてるんだ！」

まったく情報がない人と話すのは誰でも緊張する。事前に相手の「SNS」を見ておくと、話のネタが見つかって安心できるし、その姿勢は相手にも好意的に映る。

頭のなかから一度出すために、書くんです！

頭のなかだけで質問案を考えて取材に臨むことは、プロのインタビュアーでも難しい。緊張で忘れないように、「聞きたいこと」をメモして忍ばせておこう。

Day 1	SNSで誰かにコメントをしてみる
Day 2	レジで店員さんの目（おでこ）を見てお礼を言う
Day 3	1日「聞き役」に徹してみる
Day 4	「流行りもの」を3つチェックする
Day 5	人の「いいところ」を3つ見つける
Day 6	「1対1」で会う約束をする
Day 7	「聞きたいことメモ」をつくる
Day 8	自分の「悩みごと」をリストアップする
Day 9	感情の異なる「なるほど！」を使い分けてみる
Day 10	口角を上げて過ごす
Day 11	身体の方向を相手に向けて話を聞く
Day 12	身を乗り出して話を聞く
Day 13	相手にテンションを合わせて話を聞く
Day 14	1.5倍のリアクションで相槌を打つ
Day 15	肯定する言葉だけを使ってみる
Day 16	自分から1つ質問をする
Day 17	相談ごとを持ちかけてみる
Day 18	「第三者」の相談を持ちかける
Day 19	「オススメ」を聞いてみる
Day 20	相手との会話中にメモをしてみる
Day 21	「仕事」のことを聞いてみる
Day 22	「人間関係」のことを聞いてみる
Day 23	「お金」のことを聞いてみる
Day 24	「沈黙」をそのまま受け止めてみる
Day 25	相手の話を「要約」してみる
Day 26	「お礼」の連絡をしてみる
Day 27	「オススメ」を試した報告をする
Day 28	聞いた話を誰かに話してみる
Day 29	聞いた話を書いてみる
Day 30	30ワークをやって気づいたことを書いてみる

「聞く習慣」1ヶ月チャレンジ

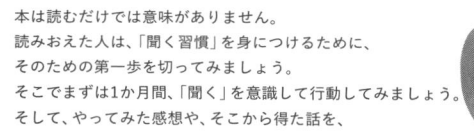

本は読むだけでは意味がありません。

読みおえた人は、「聞く習慣」を身につけるために、
そのための第一歩を切ってみましょう。

そこでまずは1か月間、「聞く」を意識して行動してみましょう。

そして、やってみた感想や、そこから得た話を、
日記、SNS、ブログなどで書いてみてほしいと思います。

「アウトプットのため」と思うと、積極的に人と関われたりします。

その手段として、ここに「聞くのが得意になっていく30個のワーク」をならべてみました。

続けるコツは、その日のワークを意識して生活してみること。

毎朝、今日のワークを確認して、その日１日、そのワークを意識して人と話をしてみましょう。なにかのテーマについて聞くときは、「今日、みんなにコレについて聞いてるんだ」と理由も伝えると、違和感なく話を引き出せるはずです。

宣言して、自分を奮い立たせてみよう

SNSに書く人は、ぜひ「**#1ヶ月聞くチャレンジ**」と入れてみてください。宣言することで続けたくなりますし、まわりの人も応援してくれるかもしれません。もしかしたらこのハッシュタグによって、一緒に頑張る仲間どうしでつながれるかも。わたしも、このハッシュタグを辿って、チャレンジを達成した人を見つけ、祝福したいと思います！

読まれるコツを実践してみよう

本のなかでも、「インプットとアウトプットはセット」だとお伝えしました。そのため、やってみた感想や聞いたことを「書く」でアウトプットし、それがたくさんの人に読んでもらえたりすると、ますます「聞く」も習慣になっていきます。そこでぜひ、本書で紹介した下記のような「書くときのコツ」なども実践してみてください。

- 「未来の自分」に向けて書く（211ページ）
- 「聞いた話」を「感想」を入れて書く（220ページ）
- 「発見」「共感」について書く（231ページ）
- 内容がわかる「タイトル」をつける（239ページ）

［著者略歴］

いしかわ ゆき

ライター。早稲田大学文化構想学部 文芸・ジャーナリズム論系卒。Webメディア「新R25」編集部を経て2019年にライターとして独立。現在は取材やコラムを中心に執筆するかたわら、声優やグラフィックレコーダーとしても活動中。ADHDとHSPを抱えながら、生きづらい世界をいい感じに泳ぐために発信している。著書に『書く習慣　～自分と人生が変わるいちばん大切な文章力～』（クロスメディア・パブリッシング）と『ポンコツなわたしで、生きていく。～ゆるふわ思考で、ほどよく働きほどよく暮らす～』（技術評論社）がある。

聞く習慣

2023年5月1日　　初版発行

著　者　　いしかわ ゆき

発行者　　小早川幸一郎

発　行　　株式会社クロスメディア・パブリッシング
〒151-0051 東京都渋谷区千駄ヶ谷4-20-3 東栄神宮外苑ビル
https://www.cm-publishing.co.jp
◎本の内容に関するお問い合わせ先：TEL（03）5413-3140／FAX（03）5413-3141

発　売　　株式会社インプレス
〒101-0051 東京都千代田区神田神保町一丁目105番地
◎乱丁本・落丁本などのお問い合わせ先：FAX（03）6837-5023
service@impress.co.jp
※古書店で購入されたものについてはお取り替えできません

印刷・製本　　中央精版印刷株式会社

　ISBN978-4-295-40823-9　C2034